JN301669

# リスク計量化入門

## VaRの理解と検証

by Forum of Financial technology and Risk management +

FFR⁺ [編著]

一般社団法人 **金融財政事情研究会**

# はじめに

　経営を取り巻くリスクは多様化・複雑化しています。リスクが多様化・複雑化するのに合わせて、リスクマネジメントの実務も高度化してきました。

　しかし、金融危機以降、高度なリスク管理技法を駆使していたはずの海外の企業、金融機関の経営が揺らぎました。わが国でも多額の損失を被った企業、金融機関は少なくありません。

　こうしたなかで、高度なリスク管理技法、たとえばVaRの限界などについて、あらためて議論されるようになりました。ただ、いうまでもないことですが、「この手法を適用していれば絶対に安全である」というリスク管理技法はありません。どのようなリスク管理技法であっても、基本的な考え方や前提、制約などをしっかりと理解し、その適用を誤らないように注意しながら活用する必要があります。

　金融危機以降、多様化・複雑化したリスクを、そもそもどのように評価し、また、どのように管理すべきかもう1度、見直しを図る必要性が高まっているように思います。

　バック トゥー ザ ベイシック（Back to the Basic）。このような時期こそ、1度、足を止め、基本に立ち返って、冷静に考え直してみることが求められます。

　経営者や企画部門、リスク管理部門、内部監査部門の管理者、担当者などリスク計量化技法を基礎から応用までしっかりと理解

して実務に役立てたいと感じる層が広がっています。このようなニーズをもつ層が広がるなかで、従来のテキストブックでは理解が進まない初心者も増えているように思います。読者が統計確率の知識を身につけていることを前提にした記載になっていますし、むずかしい数式も本文のなかに当たり前のように書かれています。

　たしかに、VaRを理解し、リスク管理に活用していくためには統計確率の基礎知識が必要不可欠です。また、理論的な正確性、厳密性を追求するならば数式の記載も必要になります。

　本書はリスク計量化技法の入門書です。サブタイトルが示すとおり、「VaRの理解と検証」を主なテーマとしています。

　本書では、読者層の広がりを意識して、統計確率の基礎知識を含め、初心者でも理解できるような内容に構成しました。また、数式の記載は最小限に抑えて、図表、イラストを多く使うことにより、初心者の理解を助けるように工夫をしました。

　表現には工夫をしましたが、リスクマネジメント実務に活用する際に重要なポイントはすべて含めることにし、記載内容のレベルを落とさないようにも注意を払いました。

　また、数式の記載を避けて平易な表現を心がけましたが、そのためにかえって、正確性、厳密性が犠牲になる可能性も否定できません。統計数理研究所の山下智志准教授には、本書の原稿をお読みいただき、記載内容が初心者に誤解を与える可能性がないかをチェックしていただきました。厚くお礼を申し上げます。山下

先生からは多くのご指摘、ご助言を賜り、適宜の修正を加えましたが、それにもかかわらず、表現上の問題等が本書に残っているとすれば、それらはすべて執筆者の責任です。

　もう1つの本書の特徴は、執筆者全員が公認内部監査人（CIA）の資格をもつ点にあるかもしれません。リスクマネジメントを客観的に評価し、経営管理に役立てるにはどうすればよいか、内部監査人の視点で全体を構成して、個別の論点を取り上げたつもりです。

　内部監査人には、経営全体をみる「マクロの視点」と現場レベルのプロセスをみる「ミクロの視点」が要求されます。「マクロの視点」「ミクロの視点」双方のバランスをとって構成された本書が、幅広い読者層のニーズを満たすことができれば幸いです。

　最後に本書の編著者であるFFR⁺について紹介します。
　FFR⁺はエフエフアール・プラスと読みます。FFR（エフエフアール）とは"Forum of Finacial technology and Risk management"の略称です。公認内部監査人（CIA）の有資格者を中心とするフォーラムで「金融工学とリスクマネジメント高度化」をテーマに研究活動を行っています。さまざまな業種・組織の公認内部監査人（CIA）と各種リスクマネジメント、内部監査の専門家、実務家が集まって意見交換をしています。
　FFRでは、各分野の専門家、実務家との意見交換を通じ、メンバーそれぞれが①経営者の視点でリスクマネジメントをとらえること、②高度化するリスクマネジメント技法について理解を深

めること、そして、③経営に役立つ内部監査のポイントを考えることを活動目標としています。

　リスクマネジメントや内部監査の発展に貢献するため、FFRでは、メンバーがそれぞれの研究成果をセミナーや出版などの形で広く情報発信することを推奨・支援しています。

　今回、研究活動を続けるなかで、FFRメンバーの有志が本書を出版することを企画しました。FFR$^+$の"＋"（プラス）というのは、FFRの研究活動から派生した情報発信の活動であることを示しています。

　私どもの活動は、個人の意思によるボランティア・ベースのものです。山登りにたとえると、1歩だけ先に登った者が足を止めて振り返り、手を差し伸べて次の者を導く活動であるといえるかもしれません。

　本書も「山頂をともに目指す」精神で書かれたものです。本書を手にとっていただいた読者に私どもの気持ちが届き、リスクマネジメントと内部監査の発展をサポートする活動がさらに広がっていくことを祈念いたします。

　なお、本書の企画、編集にご尽力をいただいた社団法人金融財政事情研究会出版部の石丸和弘氏に謝意を表します。

2010年3月

FFR$^+$代表　碓井　茂樹

● FFR⁺代表
　碓井茂樹　日本銀行　金融機構局　金融高度化センター
　　　　　　　CIA、CCSA、CFSA

● FFR⁺メンバー（五十音順）
　上本美紀　デロイト　トーマツ　リスクサービス株式会社
　　　　　　　統計学修士、CIA、CFSA、CCMA、AFP
　川西　裕　百十四銀行　監査部　リスク監査グループ
　　　　　　　CIA、CCSA、CFSA
　西村昌宏　三井住友銀行　監査部　市場監査グループ
　　　　　　　CIA
　三浦　俊　大手金融機関、コンサルティング会社を経て
　　　　　　現在、金融庁検査局総務課
　　　　　　　CIA、CCSA、CISA、CFE、USCPA
　　　　　　日本証券アナリスト協会検定会員
　三隅克美　執筆時、三菱東京UFJ銀行　監査部　業務監査室
　　　　　　現在、金融庁検査局総務課
　　　　　　　CIA、日本証券アナリスト協会検定会員
　山田一博　㈱損害保険ジャパン　業務監査部
　　　　　　　CIA

● ホームページ
　http://www.ffr-plus.jp

●執筆分担

第1章　碓井茂樹、山田一博
第2章　碓井茂樹、上本美紀、三浦俊
第3章　碓井茂樹、三浦俊
第4章　碓井茂樹、三浦俊、三隅克美
第5章　碓井茂樹、川西裕、西村昌宏

　　FFR$^+$による情報発信活動は、個人の意思と責任において行われています。
　　執筆者のバックグラウンドを示すため、それぞれが所属する団体・組織を記しましたが、本書に記載されている意見やコメントは、FFR$^+$メンバーの所属する団体・組織の見解を代表するものではありません。また、同団体・組織がこれを保証・賛成・推奨等するものでもありません。

## 目　次

### 第 1 章　イントロダクション

1　リスクマネジメントとは……………………………………… 2
　(1)　リスクの定義………………………………………………… 2
　(2)　リスクマネジメント………………………………………… 3
　(3)　リスクの評価方法…………………………………………… 6
2　リスクの計量化とは …………………………………………… 10
　(1)　簡単な設例…………………………………………………… 10
　(2)　VaR（バリュー・アット・リスク）……………………… 16
　(3)　VaR の活用事例……………………………………………… 20

### 第 2 章　統計・確率の基礎

1　基礎統計量（1 変量）………………………………………… 36
　(1)　平均と分散（記述統計）…………………………………… 36
　(2)　平均と分散（推測統計）…………………………………… 40
　(3)　標準偏差……………………………………………………… 42
　(4)　パーセント点………………………………………………… 44
2　基礎統計量（2 変量）………………………………………… 46
　(1)　散布図………………………………………………………… 46
　(2)　共分散………………………………………………………… 48
　(3)　相関係数……………………………………………………… 50

3　確率変数と確率分布 …………………………………………… 56
　(1)　確率変数 ……………………………………………………… 56
　(2)　確率分布 ……………………………………………………… 58
　(3)　さまざまな確率分布 ………………………………………… 64
　(4)　確率変数の独立と i.i.d. ……………………………………… 72
　(5)　ルート T 倍ルール …………………………………………… 76
4　推定と検定 ……………………………………………………… 78
　(1)　推　　定 ……………………………………………………… 78
　(2)　検　　定 ……………………………………………………… 79

## 第 3 章　VaR の計測手法

1　VaR の定義 ……………………………………………………… 86
2　市場 VaR の計測 ………………………………………………… 88
　(1)　基本的な考え方 ……………………………………………… 88
　(2)　分散共分散法（デルタ法）………………………………… 93
　(3)　モンテカルロシミュレーション法………………………… 114
　(4)　ヒストリカル法……………………………………………… 120
3　信用 VaR の計測 ……………………………………………… 124
　(1)　基本的な考え方 ……………………………………………… 124
　(2)　1ファクター・モデル ……………………………………… 129
　(3)　マルチファクター・モデル ………………………………… 134
4　オペリスク VaR の計測 ……………………………………… 136
　(1)　基本的な考え方 ……………………………………………… 136
　(2)　損失分布手法 ………………………………………………… 138

## 第 4 章　VaR の検証と補完

1　バックテストによる VaR の検証 …………………………… 144
　(1)　VaR の検証方法 ……………………………………………… 144
　(2)　バックテストの分析・活用 ………………………………… 149
2　VaR の限界とストレステスト ……………………………… 150
　(1)　VaR の限界 …………………………………………………… 150
　(2)　ストレステスト ……………………………………………… 152
　(3)　VaR とストレステスト結果の比較 ………………………… 154
　(4)　VaR、ストレステストとリスク管理の枠組み …………… 156

## 第 5 章　内部監査の視点

1　リスクマネジメントと内部監査 …………………………… 160
2　内部監査の高度化 …………………………………………… 162
　(1)　リスクベース監査の実践 …………………………………… 162
　(2)　専門的能力の確保 …………………………………………… 166
3　リスク計測手法と検証のポイント ………………………… 170
　(1)　リスク計測手法に関する文書化と変更管理 ……………… 172
　(2)　リスク計測手法とリスクプロファイルの整合性 ………… 173
　(3)　リスク計測の対象範囲、頻度の妥当性 …………………… 174
　(4)　リスク計測手法の前提の妥当性 …………………………… 176
　(5)　観測データの妥当性、正確性、完全性 …………………… 178
　(6)　バックテストの結果と実施プロセス ……………………… 181
　(7)　ストレステストの想定と対応策 …………………………… 187

■参考文献・資料 ………………………………………………… 190

# 第 1 章

# イントロダクション

　近年、金融工学を応用して、さまざまなリスク計量化技法が考えられました。VaR（バリュー・アット・リスク）と呼ばれるリスク計量化技法もその１つです。

　金融機関や商社を中心に VaR（バリュー・アット・リスク）を計測して、リスクマネジメントに活用する動きが広がっています。本章では VaR（バリュー・アット・リスク）がリスクマネジメントにどのように使われているかを、簡単な設例や実践事例の紹介などを通じて解説します。

　本書全体のイントロダクションですので、あまり細部にこだわらず、リスク計量化技法がリスクマネジメントにおいて果たす役割についてのイメージをもっていただきたいと思います。

# 1 リスクマネジメントとは

## (1) リスクの定義

はじめに、リスクとは何か、その定義を明確にしておきます。リスクとは「組織の目標・目的の達成に影響を与える事象の発生可能性」として定義されます。そして、リスクは「影響の大きさと発生の可能性に基づいて測定される」とされます。

リスクには「固有リスク」と「残余リスク」という概念があります。コントロール等の措置がまったく整備されていない状態を仮定した場合に存在するリスクを「固有リスク」といいます。また、コントロール等の措置を講じた後に残るリスクが「残余リスク」です。

**リスクの定義**

◆組織の目標・目的の達成に影響を与える事象の発生可能性
◆影響の大きさと発生の可能性に基づいて測定される

（注） 内部監査人協会（IIA）国際基準・用語集より。

## (2) リスクマネジメント

　リスクマネジメントというのは、コントロール等の措置を講じてリスクの影響度を小さくしたり、あるいは、発生可能性を少なくしたりすることをいいます。

　これを「リスクマップ」で示すと、右上にあるリスク事象をコントロール等の措置を講じることによって、左下にシフトさせることを意味します。

　このようにして、リスク事象の影響度や発生可能性を経営が許容する範囲内に収めること、これがリスクマネジメントの基本的な考え方です。

●リスクマップ

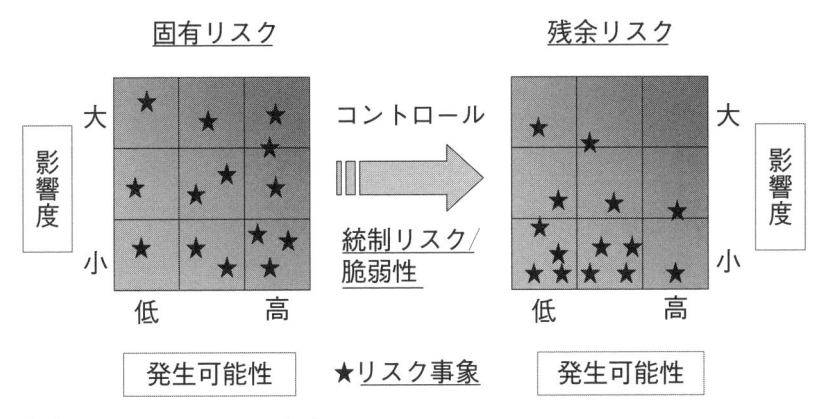

(注)　碓井（2008a）より転載。

リスクマネジメントのテキストをみると、リスクマネジメントは「組織の目標・目的の達成に関して合理的保証を提供するため、発生する可能性のある事象や状況を識別、評価、管理、コントロールするプロセス」として定義されています。

### リスクマネジメントの定義

> ◆組織の目標・目的の達成に関して合理的保証を提供するため、発生する可能性のある事象や状況を識別、評価、管理、コントロールするプロセス

（注）　内部監査人協会（IIA）国際基準・用語集より。

　少しわかりにくい定義ですので、若干、解説します。
①　まず、組織が設定した目標・目的の達成を阻害する要因を「リスク」として「識別」します。
②　影響度、発生可能性を「評価」して、対処すべきリスクを洗い出し、その優先順位を決めます。
③　その優先順位に従って、リスクを軽減するための「コントロール」等諸措置を協議、検討のうえ、導入します。
④　リスク軽減の効果を「モニタリング」して、目標・目的の達成がむずかしいようであれば、もう1度、はじめから、同じプロセスを繰り返します。

リスクマネジメントは、①組織の目標・目的の設定、②リスクの識別・評価・優先順位づけ、③コントロール等のリスク軽減措置の導入、④モニタリングの4つのフェーズに分かれたプロセスであるといえます。

リスクマネジメントのプロセスのうち、リスクの計量化が関係するのは「リスクの識別・評価・優先順位づけ」のフェーズになります。

なお、リスクマネジメントの定義で、「組織の目標・目的の達成に関して合理的保証を提供するため」と記載されていますが、これはリスクマネジメントが組織の目標・目的の達成を「絶対的に保証する」ことはできないからです。

●リスクマネジメント・プロセス

① 組織の目標・目的の設定

② リスクの識別・評価・優先順位づけ

③ コントロール等のリスク軽減措置の導入

④ モニタリング

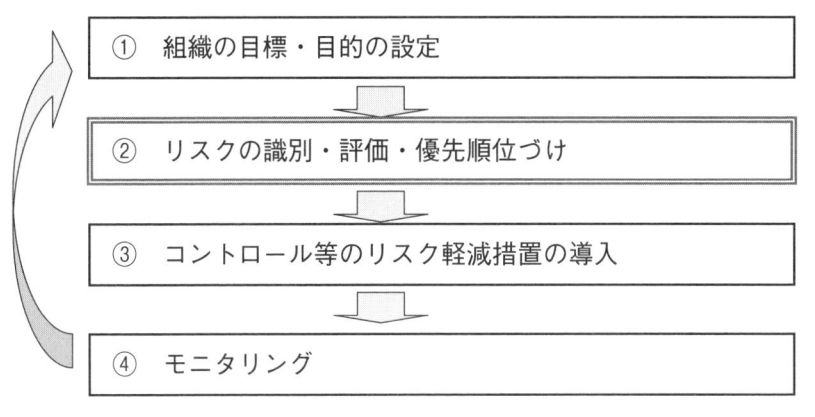

（注）碓井（2008a）より転載。

## (3) リスクの評価方法

### a. リスクマップ方式

「残余リスク」でみて、影響度が大きく、発生可能性が高いほうがより重要度が高いと評価するのが一般的な考え方です。すなわち「残余リスク」のリスクマップでみて、右上の領域のほうがより重要度が高いと評価します。

●リスクマップ

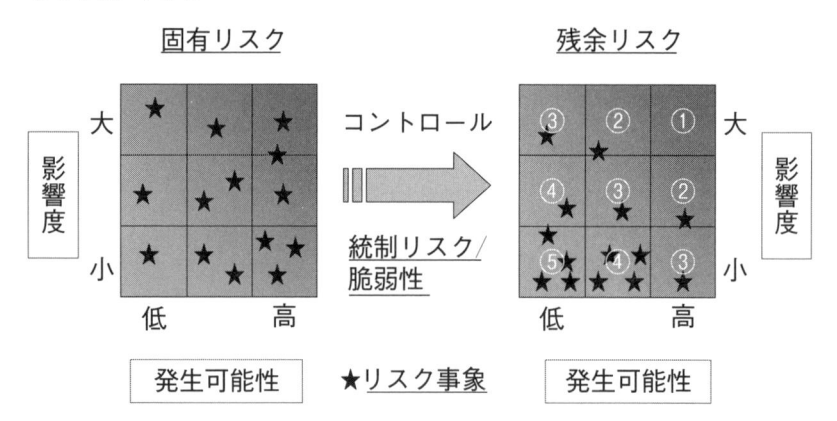

(注) 碓井 (2008a) より転載。

ただ、「固有リスク」のリスクマップでみて、影響度が大きいほうがより重要度が高いと評価することもあります。また、コントロールが効いていない(＝統制リスクが大きい)点を重視し、「残余リスク」のリスクマップでみて、発生可能性が高いほうがより重要度が高いと評価することもあります。

## b. スコアリング方式

リスクを評点化（スコアリング）して評価する方法もあります。「影響度」「発生可能性」「コントロールの有効性」を評点化し、一定の算式に従って「残余リスク」を評点化します。

「残余リスク」の評点に「閾値」（しきいち）を設け、重要度を評価するのが一般的です。

ただ、「固有リスクの影響度」や「コントロールの有効性」の評点に「閾値」（しきいち）を設けて、重要度を評価することもあります。

### ●リスクのスコアリング

| リスク内容 | 固有リスク | | コントロール | 残余リスク |
|---|---|---|---|---|
| | 影響度<br>（評点 A） | 発生可能性<br>（評点 B） | 有効性<br>（評点 C） | 評価<br>（評点 A×B−C） |
| ××××× | 4点 | 1点 | 1点 | 4×1−1点 |
| ××××× | 2点 | 2点 | 2点 | 2×2−2点 |
| | | | | |

影響度　　大…4点　　コントロール　無………0点
　　　　　中…3点　　　　　　　　　不十分…1点
　　　　　小…2点　　　　　　　　　有効……2点
発生可能性　高…3点
　　　　　　中…2点
　　　　　　低…1点

（注）　碓井（2008a）を参考に作成。

## c. リスク計量化方式

「残余リスク」の「影響度」を金額ベースに換算し、「発生可能性」の想定を置きます。

「残余リスク」あるいは「固有リスク」の「影響度」が一定金額を超えたり、「発生可能性」が一定頻度を超えるとき、重要度が高いと評価します。

●リスクの計量化

| リスク内容 | 影響度 | | | 発生頻度 | 統制上の改善点 |
|---|---|---|---|---|---|
| | 直接費用 | 間接費用 | その他 | | |
| ××××× | ○円 | ○円 | | ○年に1回 | ××××× |
| ××××× | △円 | △円 | 顧客の信用を毀損 | △年に1回 | ××××× |
| ××××× | ◇円 | ◇円 | | ◇年に1回 | ××××× |
| ××××× | ●円 | ●円 | 顧客の信用を毀損 | ●年に1回 | ××××× |
| | | | | | |

(注) 碓井（2008a）より転載。

リスクマップ方式、スコアリング方式、リスク計量化方式のうち、いずれの方式でも、リスクの重要度や優先順位を決めることは可能です。しかし、当該組織の収益・経営体力と対比して過大なリスクを負っているか否かは、リスク計量化方式でないと判定できません。

リスクマップ方式、スコアリング方式では、リスクの重要度、優先順位を決めることはできますが、収益、経営体力への影響度がみえにくいため、どのくらい差し迫ったリスクなのか、どのく

らいのスピードで解決しないといけないのか実感が湧かないように思います。

　リスク計量化方式であれば、経営者は、いますぐ手を打つべきリスクなのか、時間をかけて対処すればよいリスクなのか、が判断しやすいというメリットがあります。

## 2 リスクの計量化とは

### (1) 簡単な設例

　リスクの計量化とは何か、もう1度整理しましょう。
　リスクの計量化とは、リスク事象の「影響度」を金額換算し、「発生可能性」を確率で表すことです。そして、リスク事象の発生シミュレーションを行ったり、統計的な分析を行うことにより、経営に与える影響を把握して、リスクマネジメントに活用します。

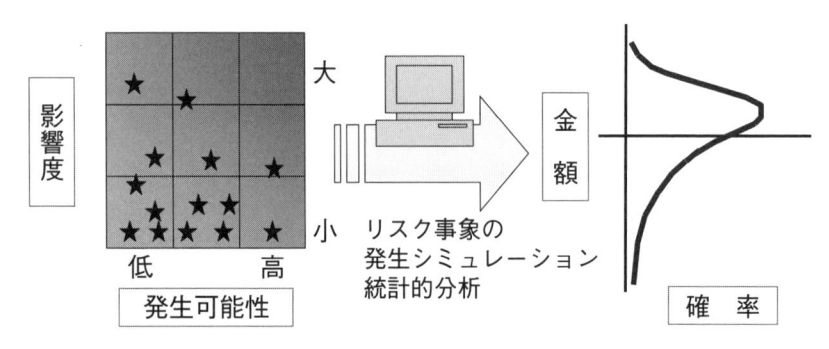

（注）　碓井（2008a）より転載。

　次に、1つの設例をあげます。この設例を通じて、リスクの計量化がリスクマネジメントにどのように活用されるのか、考えてみてください。

（設問）

あなたは、ある企業の社長です。自己資本は100億円。業績は安定していて、年商100億円、毎年5億円の営業利益を計上しています。

ある日、内部監査部門長から「これまで起きたことはないが、10個の無視できないリスク（下図参照）があることがわかった」と報告を受けました。

10個のリスクについては、下表に示したようにすでに影響度は1年当りの損失額として金額換算されており、1年当りの発生確率もわかっていました。

さあ、社長として判断してください。いますぐ、緊急経営会議を開いて何か手を打たないといけませんか？　あるいは、時間をかけて対処する余裕があるでしょうか？

●新たに判明した10個のリスク

| リスク事象 | 損失(億円) | 発生確率 |
|---|---|---|
| risk 1 | 0.1 | 0.5 |
| risk 2 | 0.1 | 0.5 |
| risk 3 | 0.1 | 0.5 |
| risk 4 | 0.1 | 0.1 |
| risk 5 | 0.1 | 0.1 |
| risk 6 | 0.1 | 0.01 |
| risk 7 | 10 | 0.1 |
| risk 8 | 10 | 0.1 |
| risk 9 | 10 | 0.01 |
| risk10 | 100 | 0.01 |

※10個のリスク事情は孤立して発生する。

（注）　碓井（2008a）より転載。

(ヒント)

　判断に迷われている社長のためにヒントです。
・10個のリスク事象がまったく起きなければ損失額はゼロです。
・10個のリスク事象がすべて起きたときの最大損失額は130.6億円です。
・10個のリスク事象が起きるか起きないか、全部で2の10乗通り（＝1,024）のケースがあります。
・平均的な損失額はいくらでしょうか？
・平均的な損失額の発生に備えるだけで十分でしょうか？
・では、どの程度の損失額の発生に備えたらよいでしょうか？
・最大損失額（130.6億円）の発生に備える必要があるでしょうか？

　最後に重要なヒントです。
・収益（営業利益5億円）と経営体力（自己資本100億円）がリスク顕現化時の損失を吸収するバッファーと考えられます。

(実験)

　では、あなたの経営判断をサポートするため、シミュレーションをしてみましょう。
　ExcelにRAND関数という乱数を発生させる関数があります。この関数を使い、0から1のあいだで乱数を発生させます。たとえばrisk 1の発生確率は0.5ですので、0.5以下の値をとったとき、risk 1が発生したと考えることにしましょう。

(例) risk 1 の場合

乱数(一様乱数)の値が0.5以下のとき

risk 1(発生確率0.5)が発生したと考える。

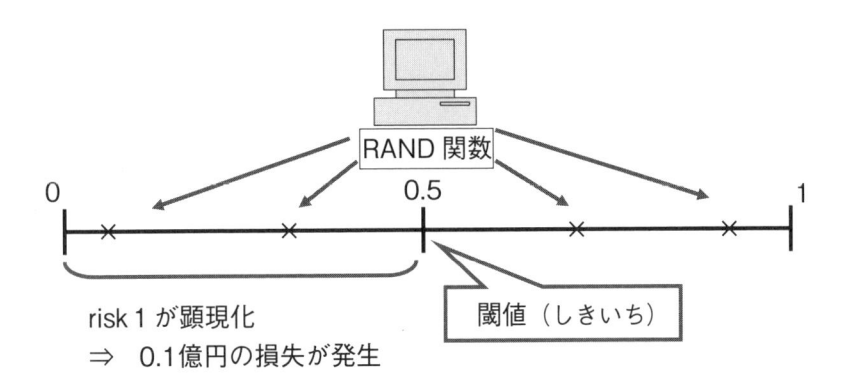

```
0                        0.5                         1
├──×──────×──────┼──────×──────×──┤
          RAND関数
    risk 1 が顕現化              閾値(しきいち)
  ⇒ 0.1億円の損失が発生
```

risk 1 から risk10 までそれぞれ 1 万回、乱数を発生させて、それぞれが発生したか、発生しなかったか、をみてみました。

●乱数発生によるシミュレーション

| 供与先 | risk 1 | risk 2 | risk 3 | risk 4 | risk 5 | risk 6 | risk 7 | risk 8 | risk 9 | risk10 |
|---|---|---|---|---|---|---|---|---|---|---|
| 金額 | 0.1 | 0.1 | 0.1 | 0.1 | 0.1 | 0.1 | 10 | 10 | 10 | 100 |
| 確率 | 0.5 | 0.5 | 0.5 | 0.1 | 0.1 | 0.01 | 0.1 | 0.1 | 0.01 | 0.01 |

| 試行 | 乱数1 | 乱数2 | 乱数3 | 乱数4 | 乱数5 | 乱数6 | 乱数7 | 乱数8 | 乱数9 | 乱数10 |
|---|---|---|---|---|---|---|---|---|---|---|
| 1 | (0.245) | (0.059) | (0.004) | 0.110 | 0.364 | 0.431 | 0.788 | 0.785 | 0.598 | 0.487 |
| 2 | 0.548 | (0.387) | 0.884 | 0.398 | 0.977 | 0.587 | 0.334 | 0.724 | 0.172 | 0.383 |
| 3 | (0.291) | (0.257) | (0.202) | 0.384 | 0.248 | 0.166 | 0.200 | 0.944 | 0.351 | 0.862 |
| 4 | 0.768 | (0.380) | 0.934 | (0.075) | 0.587 | 0.495 | 0.808 | 0.101 | 0.721 | 0.605 |
| 5 | (0.250) | (0.267) | 0.955 | 0.140 | 0.957 | 0.505 | 0.744 | 0.716 | 0.318 | 0.097 |
| ⋮ | ⋮ | ⋮ | ⋮ | ⋮ | ⋮ | ⋮ | ⋮ | ⋮ | ⋮ | ⋮ |

| 試行 | 損失1 | 損失2 | 損失3 | 損失4 | 損失5 | 損失6 | 損失7 | 損失8 | 損失9 | 損失10 | 損失計 |
|---|---|---|---|---|---|---|---|---|---|---|---|
| 1 | (0.100) | (0.100) | (0.100) | 0.000 | 0.000 | 0.000 | 0.000 | 0.000 | 0.000 | 0.000 | 0.300 |
| 2 | 0.000 | (0.100) | 0.000 | 0.000 | 0.000 | 0.000 | 0.000 | 0.000 | 0.000 | 0.000 | 0.100 |
| 3 | (0.100) | (0.100) | (0.100) | 0.000 | 0.000 | 0.000 | 0.000 | 0.000 | 0.000 | 0.000 | 0.300 |
| 4 | 0.000 | (0.100) | 0.000 | (0.100) | 0.000 | 0.000 | 0.000 | 0.000 | 0.000 | 0.000 | 0.200 |
| 5 | (0.100) | (0.100) | 0.000 | 0.000 | 0.000 | 0.000 | 0.000 | 0.000 | 0.000 | 0.000 | 0.200 |
| ⋮ | ⋮ | ⋮ | ⋮ | ⋮ | ⋮ | ⋮ | ⋮ | ⋮ | ⋮ | ⋮ | ⋮ |

◯:リスク事象(損失)が発生した箇所

(注) 碓井(2008a)より転載。

発生した損失を合計し、その分布状況を表とグラフに表したのが下表です。1万回のシミュレーションでみて損失計の平均値は3億円です。損失計の金額が大きくなると発生確率は小さくなります。100億円以上の損失が発生する確率は1％未満ときわめて小さいことがわかります。

●シミュレーション結果（試行回数：1万回）

| 損失計 | 確率 | 累計 |
|---|---|---|
| 0 | 7.740% | 7.740% |
| ～10 | 73.470% | 81.210% |
| ～20 | 16.650% | 97.860% |
| ～30 | 1.120% | 98.980% |
| ～40 | 0.020% | 99.000% |
| ～50 | 0.000% | 99.000% |
| ～60 | 0.000% | 99.000% |
| ～70 | 0.000% | 99.000% |
| ～80 | 0.000% | 99.000% |
| ～90 | 0.000% | 99.000% |
| ～100 | 0.080% | 99.080% |
| ～110 | 0.780% | 99.860% |
| ～120 | 0.130% | 99.990% |
| ～130 | 0.010% | 100.000% |
| 130超 | 0.000% | 100.000% |

| 平均値 | |
|---|---|
| 理論値 | 3.3 |
| 試行値 | 3.3 |

| | パーセント点 |
|---|---|
| 90.00% | 10.2 |
| 95.00% | 10.3 |
| 99.00% | 30.6 |
| 99.50% | 100.2 |
| 99.90% | 110.1 |
| 99.95% | 110.3 |

確率分布

（注）碓井（2008a）より転載。

（結論）

シミュレーションで何がわかったでしょうか。平均的な損失の発生は3億円、営業利益は5億円ですので平均的にみて利益の計上が可能です。自己資本も100億円あります。自己資本を上回る損失が発生して、今後1年間に会社が潰れてしまう確率は1％未満です。

1％未満の確率をどうとらえるかは経営者の判断です。もちろん、1つ1つのリスクをよく分析して損失額や発生頻度を低減させる対策を考えていく必要はあるでしょうが、明日にも緊急経営会議を開く必要があると考える経営者は少ないかもしれません。

　平均的に発生すると予想される損失をEL（Expected Loss）といいます。また、経営が許容しうる最大予想損失をVaR（バリュー・アット・リスク）といいます。たとえば、今後1年間に99％の確率で起きる損失の最大値を、経営が許容しうると考えるのであれば、99％VaRを計測して、その損失発生に備えます。VaRからELを差し引いたものをUL（Unexpected Loss）といいます。

　ELは期間利益で備え、ULは資本で備えます。このようにすれば、ゴーイング・コンサーンとして、企業経営は安定します。

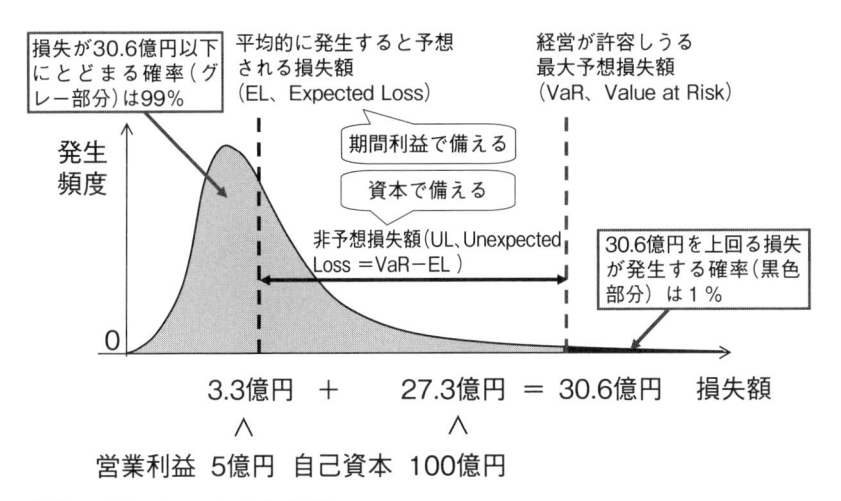

損失が30.6億円以下にとどまる確率（グレー部分）は99％
平均的に発生すると予想される損失額（EL、Expected Loss）
経営が許容しうる最大予想損失額（VaR、Value at Risk）

発生頻度

期間利益で備える
資本で備える
非予想損失額（UL、Unexpected Loss＝VaR－EL）
30.6億円を上回る損失が発生する確率（黒色部分）は1％

0　　　3.3億円　＋　27.3億円　＝　30.6億円　損失額
　　　　∧　　　　　　∧
　営業利益　5億円　自己資本　100億円

（注）　碓井（2008a）より転載。

(2) **VaR**（バリュー・アット・リスク）

　ここで、VaR の起源に関するよく知られた話をご紹介しておきたいと思います。

　1990年代のはじめ、当時の JP モルガンの最高経営責任者 D. Weatherstone は、今後24時間に自社のポートフォリオが受けるリスクを計量化することを求めました。これに対して、JP モルガンのスタッフは、金利、株式、為替などの過去の観測データから、ある確率をもって発生しうる最大損失額を予想することを提案し、その計測モデルを開発しました。D. Weatherstone は、毎日16時15分、その計測結果をチェックしてから帰ったということです。

　実際に JP モルガンが計測したのは、市場 VaR です。まず、金利、株価、為替などのリスクファクターの過去の変動をみてこれらの将来の変動を予想しました。そして、リスクファクターの変動がもたらすポートフォリオの価値の変動を予想しました。ポートフォリオが被る損失が、99％の確率でその値を超過しない、という意味での最大予想損失額が99％VaR です。

　その後、市場 VaR の計測モデルは改良が加えられ、さまざまな計測手法が開発されました。後で説明しますが、分散共分散法、モンテカルロシミュレーション法、ヒストリカル法などです。

　リスクの計測対象も、市場リスク以外にも貸し倒れなどの信用リスクや、事件・事故、システム障害、災害など業務全般に係る

オペレーショナル・リスクに拡大しました。リスクカテゴリによって、損失分布の形状は異なってきますし、モデル化の方法も異なります。市場リスクであれば、利益を得ることもあれば、損失が発生することもあります。損失分布は、左右対称の釣鐘型の形状になるでしょう。信用リスクや、オペレーショナル・リスクとなると、少額の損失については、発生頻度が比較的高いけれども、多額の損失については、発生頻度が低いと考えられます。損失分布は、片側に裾野の長い形状になるでしょう。

計測手法はさまざまですが、最近では、各リスクカテゴリのリスクを VaR という共通の尺度で測定しリスクを統合管理する企業、金融機関が増加してきました。

●リスクカテゴリ別にみた損失分布（イメージ）

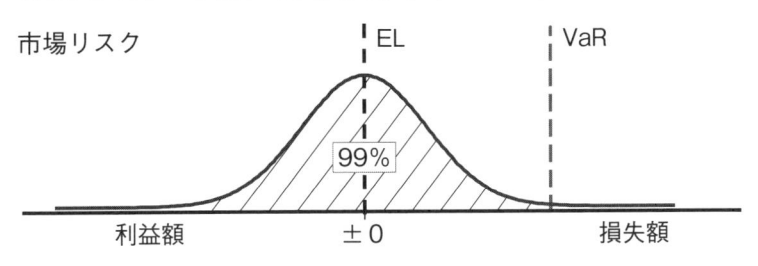

市場リスク

信用リスク、オペレーショナル・リスク

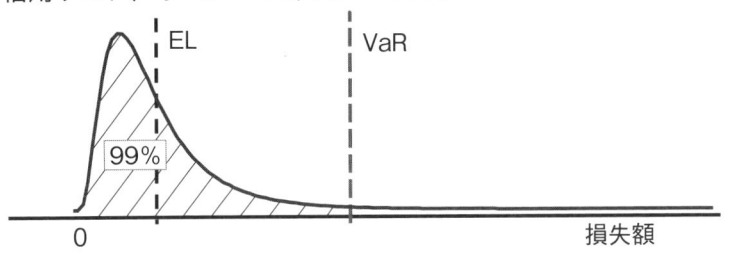

（注） 碓井（2008a）より転載。

ここで、VaRを定義しておきましょう。VaRとは何か、初めて説明を聞く方は、とりあえず、読んでおいていただければ十分です。VaRについては、第3章で、もう1度、この定義から始めて詳しく説明します。

## VaRの定義

| |
|---|
| ① 過去の一定期間（観測期間）の変動データに基づき |
| ② 将来のある一定期間（保有期間）のうちに |
| ③ ある一定の確率（信頼水準）の範囲内で |
| ④ 被る可能性のある最大損失額を |
| ⑤ 統計的手法により推定した値 |

（注）　碓井（2008a）より転載。

　VaRとは何か、その特徴がわかるように一言でいうと次のようになります。

## VaRの特徴

| |
|---|
| ・「過去」のデータを利用して |
| ・統計的手法で「推定」される |
| ・「確率」を伴うリスク指標である |

（注）　碓井（2008a）より転載。

VaR は、どのくらいの損失が、どのくらいの確率で起きるかがわかる、画期的なリスク指標です。しかも、過去のデータに基づき統計的手法を用いて求められるために客観性が高い。そのため、株主、顧客、当局に対する説得力も高いといえます。

　しかし、その一方でVaR は、統計的手法によって求められる指標であるため、観測期間、保有期間、信頼水準などその「前提」を確認する必要があります。

　また、厳密にいえば、統計的に「推定」された値であり、使用に耐えられるか、バックテストなどで統計的に「検証」する必要があります。

　それに「過去は繰り返す」という考え方に基づいて求められているため、予測値としては「限界」があります。このためストレステストなどで「補完」する必要があります。

　以上の点はいずれもきわめて重要ですので、第4章で詳しく説明します。

## (3) VaRの活用事例

### a. 市場リスク

　金融商品、ポートフォリオの現在価値の変動リスクを把握するために、多くの投資家、証券会社、金融機関等ではVaRを広く活用しています。

　市場リスクの管理といえば、残高の管理、それも購入価格、簿価の管理から始まりました。それが時価評価されるようになりました。そして、金利、株価、為替などのリスクファクターが動いたときの金融商品の価格変化、感応度が計測されるようになり、BPV、GPS、あるいは、デルタなどが市場リスクの管理に使われるようになりました。

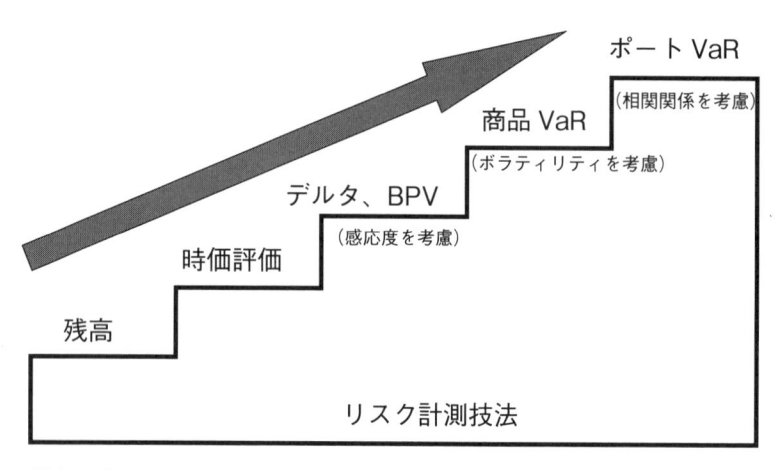

図：リスク計測技法の段階
- 残高
- 時価評価
- デルタ、BPV（感応度を考慮）
- 商品VaR（ボラティリティを考慮）
- ポートVaR（相関関係を考慮）

縦軸：リスクの計測負担
横軸：リスク計測技法

（注）碓井（2008a）より転載。

また、金利、株価、為替などのリスクファクターに関する過去のボラティリティを考慮するようになり、感応度の分析と組み合わされてVaRが計測されるようになりました。さらに、市場リスク管理の対象は、金融商品のVaRの計測から金融ポートフォリオのVaRの計測へと向かいました。
　リスク計測技法が発展するたびに、リスクの計測負担は増えましたし、何よりもリスク計測技法を理解すること自体がむずかしくなっていったといえると思います。

　実際に先端的な企業は、高度なリスク管理技法をどのように活用しているのでしょうか。わが国を代表するメガバンクの1つ、みずほフィナンシャルグループのディスクロージャー誌をみてみましょう。
　市場リスクの管理に関しては、まず、トレーディング業務でのVaRを計測してリスク管理に活用していることが書かれています。銀行も、証券会社と同じように有価証券売買を行います。
　預金を集めていますので、その運用のための有価証券投資とは別に、トレーディング勘定を設けて有価証券売買を行うことにしています。
　バックテストを行ってVaRの有効性を確認していることや、VaRの限界を補完する目的でストレステストを定期的に行っていることも書かれています。

第1章 ◆ イントロダクション

● みずほフィナンシャルグループのディスクロージャー誌（平成20年度）

トレーディング業務における市場リスク量（VaR）の年度別推移
(単位：億円)

|  | 平成18年度 | 平成19年度 | 平成20年度 | 増　減 |
|---|---|---|---|---|
| 年度末日 | 39 | 67 | 38 | ▲29 |
| 最大値 | 65 | 79 | 77 | ▲2 |
| 最小値 | 32 | 30 | 33 | 3 |
| 平均値 | 43 | 44 | 47 | 3 |

トレーディング業務のVaR計測手法
VaR計測手法
線形リスク：分散・共分散法
非線形リスク：モンテカルロシミュレーション法
VaR：線形リスクと非線形リスクの単純合算
定量基準：① 信頼区間　片側99％
　　　　　② 保有期間　1日
　　　　　③ 観測期間　1年
トレーディング業務
業務目的：市場価格の短期的な変動、市場間の価格差等を利用して利益を得る業務
計測範囲：特定取引勘定等、トレーディング業務の目的で行われた取引

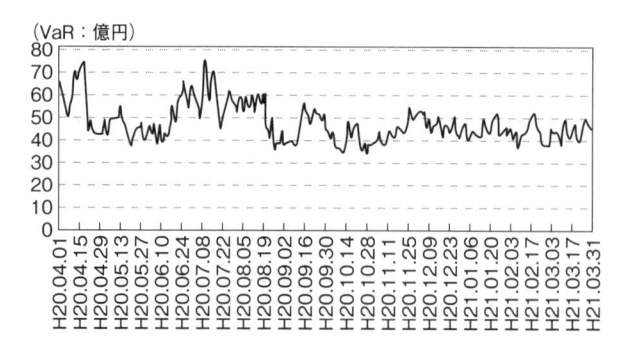

●バックテスト結果

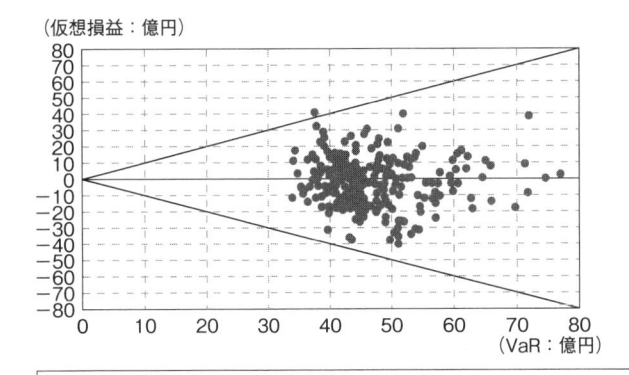

(仮想損益：億円) / (VaR：億円)

　VaRによる市場リスク計測の有効性を確認するため、VaRと損益を比較するバックテストを定期的に行っています。
　トレーディング業務における日々のVaRと対応する損益を対比したものですが、期間中に損益がVaRを上回った日が収益方向で1回発生しました。

●ストレステストの結果

平成21年3月末基準（単位：億円）

| 想定最大損失 | |
|---|---|
| ストレステストによる最大の損失（保有期間1カ月） | 372 |
| 証券化商品等の市場流動性枯渇をふまえたストレステスト（保有期間1年） | 500 |

　VaRは統計的な仮定に基づく市場リスク計測手法であるため、仮定した水準を超えて市場が急激に変動した場合にどの程度の損失を被るかについてのシミュレーションとして、ストレステストを定期的に行っています。

第1章 ◆ イントロダクション

バンキング業務に関しても VaR を計測しています。預金、貸出、有価証券投資からなる銀行勘定全体のポートフォリオが被る可能性のある損失を VaR で把握しています。

また、VaR に加えて、取引実態に応じて10BPV 等のリスク指標の管理、ストレステストの実施、損失限度の設定等により VaR のみでは把握し切れないリスク量をきめ細かく管理しています。

●バンキング業務における市場リスク量（VaR）の年度別推移

（単位：億円）

|  | 平成18年度 | 平成19年度 | 平成20年度 | 増　減 |
|---|---|---|---|---|
| 年度末日 | 2,132 | 2,586 | 2,482 | ▲104 |
| 最大値 | 2,515 | 3,039 | 3,359 | 320 |
| 最小値 | 1,031 | 1,605 | 1,733 | 128 |
| 平均値 | 1,794 | 2,268 | 2,515 | 247 |

（注）　バンキング業務には、政策保有株式を含みません。

バンキング業務の VaR 計測手法
線形リスク：分散・共分散法
非線形リスク：モンテカルロシミュレーション法
VaR：線形リスクと非線形リスクの単純合算
定量基準：①　信頼区間　片側99％
　　　　　②　保有期間　1カ月
　　　　　③　観測期間　1年

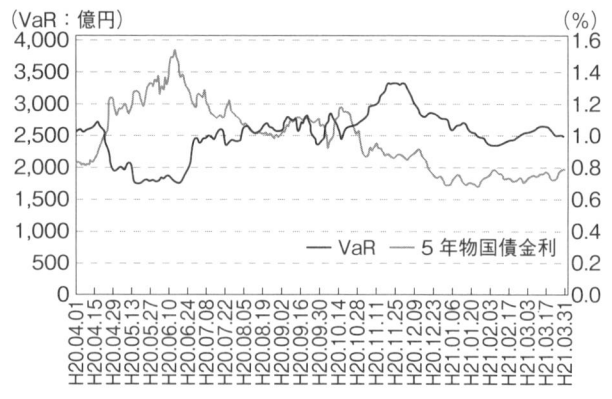

## b. 信用リスク

信用 VaR については、メガバンクをはじめ、多くの金融機関が計測しています。

また、みずほフィナンシャルグループのディスクロージャー誌をみてみましょう。今後1年間に発生する貸し倒れ損失について EL、UL、VaR を計測して信用リスクの管理を行っていることが書かれています。

●信用リスクのポートフォリオ管理

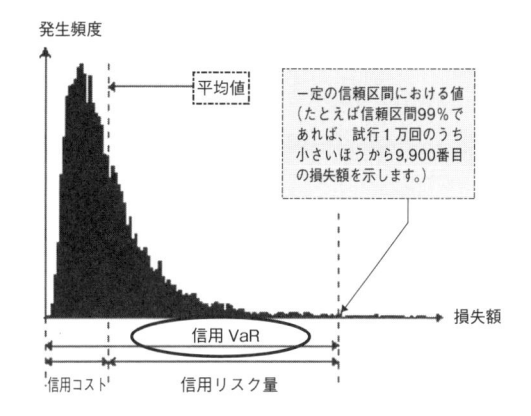

（グラフ内注釈）
- 発生頻度
- 平均値
- 一定の信頼区間における値（たとえば信頼区間99％であれば、試行1万回のうち小さいほうから9,900番目の損失額を示します。）
- 損失額
- 信用 VaR
- 信用コスト
- 信用リスク量

統計的な手法によって、今後1年間に予想される平均的な損失額（＝信用コスト）、一定の信頼区間における最大損失額（＝信用 VaR）、および信用 VaR と信用コストとの差額（＝信用リスク量）を計測し、ポートフォリオから発生する貸倒損失の可能性を管理しています。

与信取引における取引指針を設定する際には、信用コストを参考値として活用する等により、リスクに見合った適正なリターンを確保する運営を行っています。

また、信用 VaR は、それが実際に損失として顕在化した場合、自己資本および引当金の範囲内に収まるように、クレジットポートフォリオの内容をさまざまな観点からモニタリングし、必要に応じてポートフォリオに制約を設定しています。

ここでは、EL のことを信用コスト、VaR のことを信用 VaR、UL のことを信用リスク量と呼んでいます。

　信用 VaR は、取引先企業の倒産確率と倒産時の損失発生額がわかれば、基本的には計算可能です。財務データや各種情報から企業格付を付与し、格付ごとの倒産確率を提供する事業者が出てきました。企業の倒産確率が比較的簡単にわかるようになったことが、一般企業にも、信用 VaR を計測・活用する動きが広がっている背景です。

### c. 統合リスク

　さまざまなリスクカテゴリのリスクを VaR などの共通のリスク指標で計測すると、それらを統合管理することができるようになります。

　統合リスク管理の考え方を説明すると、まず、各リスクカテゴリのリスク量（VaR）を計測します。次にそれぞれのリスク量（VaR）に見合うだけのリスク資本を割り当てます。こうして経営体力の十分性を確保します。

　そして、各リスクカテゴリに関し、リスク資本あるいは VaR 対比でみた収益の目標を立て、その実績をフォローします。こうして、リスクに見合う収益があがっているかどうかをチェックします。

　このように、統合リスク管理では、リスクの全体感をもったうえで、リスクと収益・経営体力のバランスを勘案しながら戦略とリスク許容度を決めます。

● 統合リスク管理

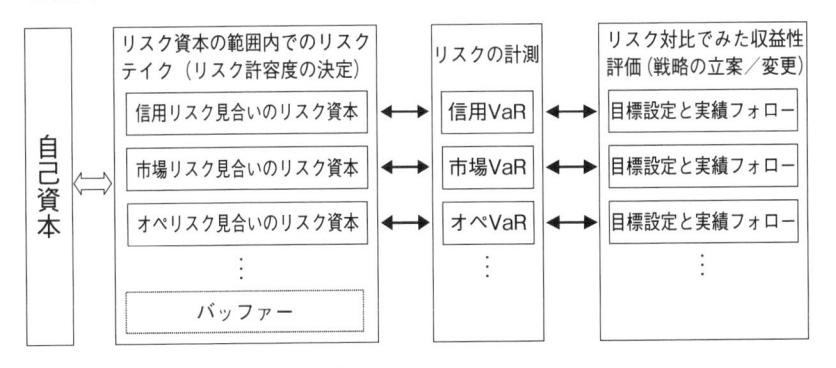

| 自己資本 | ⇔ | リスク資本の範囲内でのリスクテイク（リスク許容度の決定） | ⇔ | リスクの計測 | ⇔ | リスク対比でみた収益性評価（戦略の立案／変更） |
|---|---|---|---|---|---|---|
| | | 信用リスク見合いのリスク資本 | ⇔ | 信用VaR | ⇔ | 目標設定と実績フォロー |
| | | 市場リスク見合いのリスク資本 | ⇔ | 市場VaR | ⇔ | 目標設定と実績フォロー |
| | | オペリスク見合いのリスク資本 | ⇔ | オペVaR | ⇔ | 目標設定と実績フォロー |
| | | ⋮ | | ⋮ | | ⋮ |
| | | バッファー | | | | |

（注）碓井（2008a）を参考に作成。

● リスク量の指標

　最大予想損失（VaR）：Value at Risk
　予想損失（EL）：Expected Loss
　非予想損失（UL）：Unexpected Loss
　　＝VaR－EL

● リスク調整後収益指標

　リスク調整後収益
　　＝収益－予想損失（EL）
　RAROC：Risk Adjusted Return On Capital
　　＝リスク調整後収益／リスク資本
　SVA：Shareholders Value Added
　　＝リスク調整後収益－リスク資本×資本コスト率

リスク調整後でみた収益指標は、リスク・リターンを示す指標です。これらも、リスクマネジメントの実務で活用されています。リスク調整後収益というのは、収益から予想損失（EL）を差し引いて定義されます。

　RAROC（Risk Adjusted Return On Capital）というのはリスク調整後収益をリスク資本で割った概念です。リスク資本はVaRやULの水準をもとに算定されます。RAROCはリスク・リターンを比率で示す指標です。

　これに対し、SVA（Shareholders Value Added）というのはリスク調整後収益からリスク資本×資本コスト率を差し引いて定義されます。金額ベースでリスク・リターンを示す指標です。

　これらのリスク・リターンを比較するための指標は経営資源をどのリスクカテゴリに集中すべきか、どの業務部門に集中すべきか、経営資源の配分を変えるときに使うものです。

　先端的なリスク管理を行っている金融機関、商社のディスクロージャー誌、IR説明会資料をみてみましょう。

　みずほフィナンシャルグループでは、VaR等に基づきリスク資本（リスクキャピタル）を計測し、その総量を自己資本と対比することにより、経営体力の範囲内にとどめる運営を実施しています。また、各社・各部門は、配賦されたリスク資本の範囲内で事業活動を行うとともに、リスク資本と収益の対比によるパフォーマンス評価をRAROC等の指標を用いて行っています。

● みずほフィナンシャルグループ IR 会社説明会資料（平成21年度中間期）

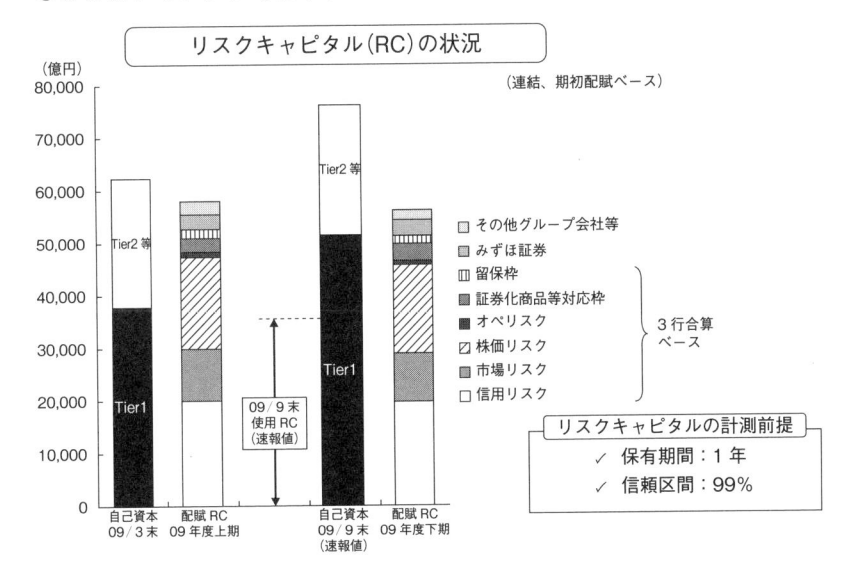

リスクキャピタル（RC）の状況

（連結、期初配賦ベース）

凡例：
- その他グループ会社等
- みずほ証券
- 留保枠
- 証券化商品等対応枠
- オペリスク
- 株価リスク
- 市場リスク
- 信用リスク

3行合算ベース

リスクキャピタルの計測前提
- ✓ 保有期間：1年
- ✓ 信頼区間：99%

横軸：
- 自己資本 09／3末
- 配賦RC 09年度上期
- 09／9末 使用RC（速報値）
- 自己資本 09／9末（速報値）
- 配賦RC 09年度下期

● みずほフィナンシャルグループのディスクロージャー誌（平成20年度）

収益管理体制

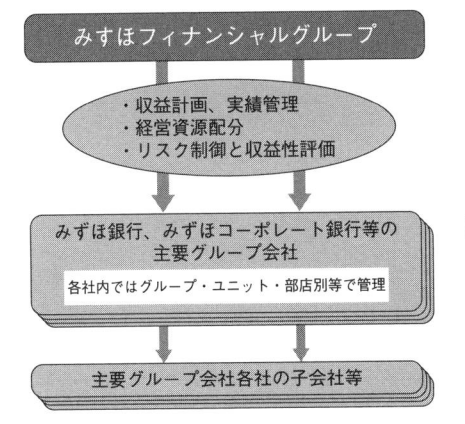

```
みずほフィナンシャルグループ
   ↓
・収益計画、実績管理
・経営資源配分
・リスク制御と収益性評価
   ↓
みずほ銀行、みずほコーポレート銀行等の主要グループ会社
各社内ではグループ・ユニット・部店別等で管理
   ↓
主要グループ会社各社の子会社等
```

▶ RAROC

　配分された資本に対する収益力を示しており、資本効率を評価するのに用いる指標。統計的に予想されるリスクを調整したリスク修正後収益を、資本で除して算出します。

第1章 ◆ イントロダクション

地域銀行の公表資料をみると、リスクカテゴリごとに VaR を計測しています。VaR 計測の前提となる保有期間、信頼水準なども明記されています。

　リスクカテゴリごとの VaR を合算して、資本と対比させることにより、経営全体として過大なリスクテイクをしていないことを確認しています。

●京都銀行の会社説明会資料（平成20年度）

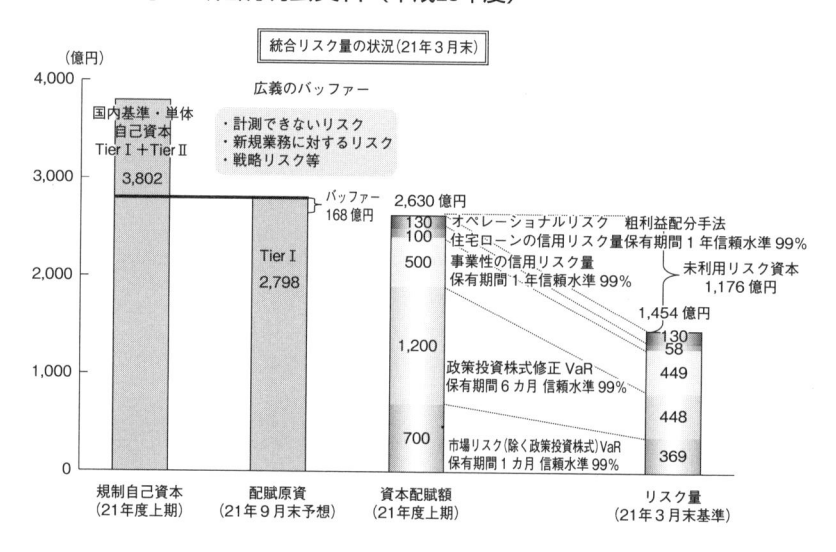

（億円）

統合リスク量の状況（21年3月末）

広義のバッファー
・計測できないリスク
・新規業務に対するリスク
・戦略リスク等

国内基準・単体
自己資本
TierⅠ＋TierⅡ
3,802

バッファー
168億円

TierⅠ
2,798

2,630億円

130　オペレーショナルリスク　粗利益配分手法
100　住宅ローンの信用リスク量 保有期間1年 信頼水準99％
500　事業性の信用リスク量
　　　保有期間1年 信頼水準99％

未利用リスク資本
1,176億円

1,454億円

1,200　政策投資株式修正 VaR
　　　　保有期間6カ月 信頼水準99％

130
58
449

700　市場リスク（除く政策投資株式）VaR
　　　保有期間1カ月 信頼水準99％

448
369

規制自己資本
（21年度上期）

配賦原資
（21年9月末予想）

資本配賦額
（21年度上期）

リスク量
（21年3月末基準）

（政策投資株式修正 VaR＝政策投資株式 VaR－評価損益）
（億円）

（21年3月末）

2,014　政策投資株式評価損益

2,462　政策投資株式 VaR

*30*

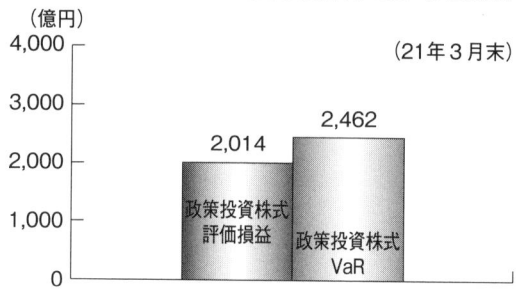

## ●山陰合同銀行の会社説明会資料（平成20年度）

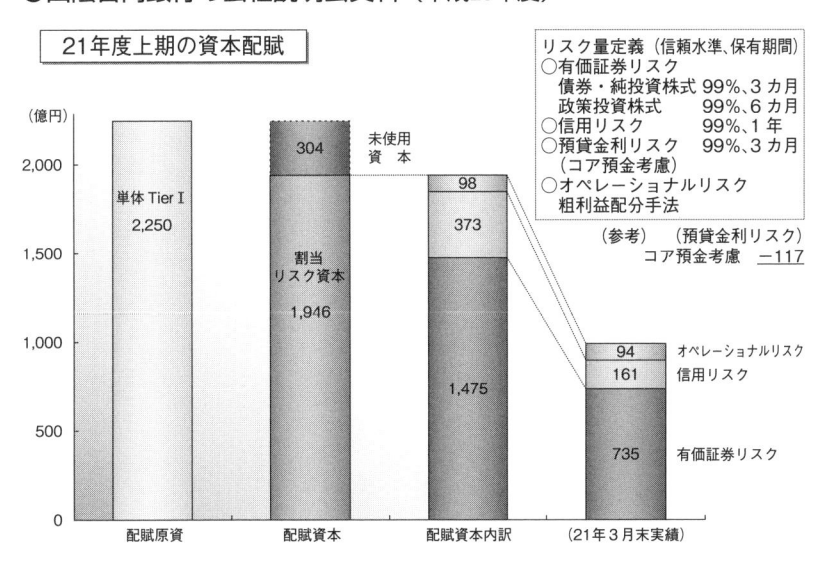

**21年度上期の資本配賦**

リスク量定義（信頼水準、保有期間）
○有価証券リスク
　債券・純投資株式　99％、3カ月
　政策投資株式　　　99％、6カ月
○信用リスク　　　　99％、1年
○預貸金利リスク　　99％、3カ月
　（コア預金考慮）
○オペレーショナルリスク
　粗利益配分手法

（参考）（預貸金利リスク）
コア預金考慮　－117

配賦原資：単体TierⅠ 2,250（億円）
配賦資本：割当リスク資本 1,946、未使用資本 304
配賦資本内訳：98、373、1,475
（21年3月末実績）：オペレーショナルリスク 94、信用リスク 161、有価証券リスク 735

## ●伊予銀行の決算説明会資料（平成20年度）

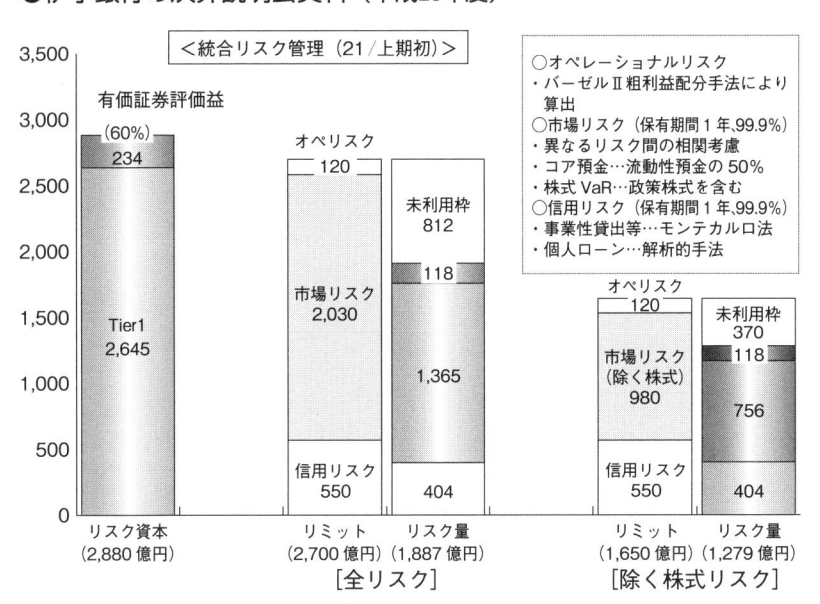

＜統合リスク管理（21／上期初）＞

○オペレーショナルリスク
・バーゼルⅡ粗利益配分手法により算出
○市場リスク（保有期間1年、99.9％）
・異なるリスク間の相関考慮
・コア預金…流動性預金の50％
・株式VaR…政策株式を含む
○信用リスク（保有期間1年、99.9％）
・事業性貸出等…モンテカルロ法
・個人ローン…解析的手法

リスク資本（2,880億円）：有価証券評価益(60%) 234、Tier1 2,645

［全リスク］
リミット（2,700億円）：オペリスク 120、市場リスク 2,030、信用リスク 550
リスク量（1,887億円）：未利用枠 812、118、1,365、404

［除く株式リスク］
リミット（1,650億円）：オペリスク 120、市場リスク（除く株式）980、信用リスク 550
リスク量（1,279億円）：未利用枠 370、118、756、404

第1章 ◆ イントロダクション

最後に商社の事例です。住友商事株式会社の中期経営計画をみるとリスクアセットとコア・リスクバッファーを対比しています。ここでリスクアセットと呼んでいるのがVaR（最大可能損失額）に相当します。コア・リスクバッファーというのがリスク資本に相当します。リスクを吸収するバッファーのコア部分という意味で、リスク資本というよりはわかりやすい表現かもしれません。

　また、住友商事株式会社では、リスク・リターンを示す指標として当期純利益をリスクアセット（VaR）で割った値を採用しています。RAROCとほぼ同様の概念です。リスク・リターンと収益規模の2つの尺度により、戦略を設定し、メリハリをつけた目標設定や経営資源の配分を行っています。

●住友商事株式会社の中期経営計画
（平成21～22年度）

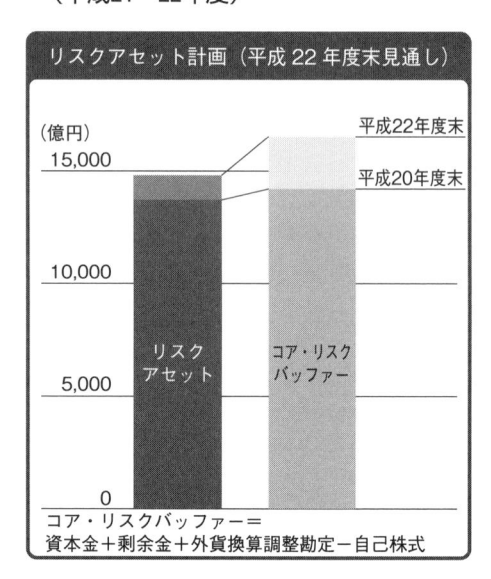

リスクアセット計画（平成22年度末見通し）

（億円）
15,000　　　　　　　平成22年度末
　　　　　　　　　　平成20年度末
10,000

5,000　　リスク　　コア・リスク
　　　　アセット　バッファー

0
コア・リスクバッファー＝
資本金＋剰余金＋外貨換算調整勘定－自己株式

●ビジネスラインごとの戦略設定

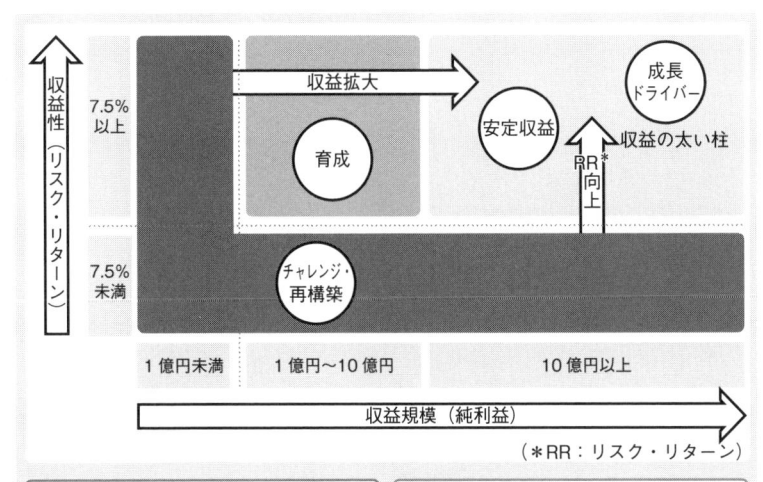

```
収益性（リスク・リターン）
7.5%以上                収益拡大 →           成長ドライバー
            ┌─────────────────┬──────────────┐
            │      育成       │   安定収益    │ 収益の太い柱
            │                 │              │ ↑RR*向上
7.5%未満    │  チャレンジ・再構築            │
            └─────────────────┴──────────────┘
            1億円未満   1億円～10億円   10億円以上
                    収益規模（純利益） →
                                    （*RR：リスク・リターン）
```

| 成長ドライバー |
|---|
| 　成長性が高い市場や当社の競争優位性がある分野で、現在の収益の柱となっているビジネスライン。積極的な経営資源の投入により収益成長を目指します。<br>主なビジネス：<br>●油井管事業（金属）<br>●発電・発電造水事業（インフラ）<br>●ケーブルテレビ事業（メディア・ライフスタイル） |

| 安定収益 |
|---|
| 　収益基盤が確立しており、収益性が安定しているビジネスライン。足元の収益性を維持しつつ、着実な収益規模の拡大に取り組んでいきます。<br>主なビジネス：<br>●スチールサービスセンター網（金属）<br>●船舶事業（輸送機・建機）<br>●不動産事業（生活産業・建設不動産） |

| 育成 |
|---|
| 　収益性の要件は満たしているものの、収益規模が小さいビジネスライフ。将来の収益の柱を目指し、収益規模の拡大に注力していきます。<br>主なビジネス：<br>●メディカルサイエンス事業（資源・化学品） |

| チャレンジ・再構築 |
|---|
| 　新規ビジネスや立上段階のプロジェクトなど、当初計画の達成に注力していくビジネスライン。定期的なモニタリングにより、将来性・成長性がないと判断された場合は迅速な撤退を行います。<br>主なビジネス：<br>●環境・省エネ事業（インフラ）<br>●ニッケルプロジェクト（資源・化学品）<br>●リース事業（金融・物流） |

　VaRの活用事例をいくつか紹介しました。本書をご一読していただいた後、もう1度、これらの事例をみてください。記載内容がより明確になるはずです。

# 第 2 章

## 統計・確率の基礎

　VaR（バリュー・アット・リスク）を正しく理解して、リスクマネジメントに活用するうえでは、統計・確率の基礎的な知識が必要になります。

　本章では、まず、平均、分散、標準偏差、パーセント点、共分散、相関係数などの「基本統計量」について説明します。次に「確率変数」「確率分布」の概念を説明した後、VaR計測モデルで利用する「確率分布」をいくつか紹介します。そして、VaRの計測と検証の理論的なバックボーンとなる「推定」と「検定」の考え方について簡単に解説します。

　理論的な厳密さよりも、直感的な理解に重点を置いた図解中心の説明になります。統計・確率は苦手だと感じている方も、本章を読むことにより、理解度のアップにつながるはずです。

# 1 基本統計量（1変量）

## (1) 平均と分散（記述統計）

N個の観測データ・セット（$X_1$、$X_2$、・・・、$X_N$）があるとします。

「平均」は、これら観測データ・セットの「中心の位置」を示す指標です。

「平均」は、観測データの値を合計して、「データ数」で割った値として定義されます。

$$\overline{X} = \frac{X_1 + X_2 + \cdots + X_N}{N}$$

「分散」は、観測データ・セットの「バラツキ」を示す指標の1つです。

1つ1つの観測データについて、平均との差（偏差）を求めて、これらを2乗して合計した値を「偏差平方和」といいます。

「分散」は、この「偏差平方和」を「データ数」で割った値として定義されます。

$$Vp = \frac{(X_1 - \overline{X})^2 + (X_2 - \overline{X})^2 + \cdots + (X_N - \overline{X})^2}{N}$$

## ●平均の計算例

観測データ　3　4　5　6　7

$$\text{平均} = \frac{3+4+5+6+7}{\text{観測データ数 }5} = 5$$

➢ 平均は、観測データ・セットの中心の位置を示す。

## ●分散の計算例

観測データ　3　4　5　6　7

偏　　差　　−2　−1　0　1　2　合計するとゼロ
偏差平方　$(-2)^2$ $(-1)^2$ $0^2$ $1^2$ $2^2$　合計すると
　　　　　　　　　　　　　　　　　　　偏差平方和10

$$\text{分散} = \frac{\text{偏差平方和}}{\text{観測データ数}} \frac{10}{5} = 2$$

➢ 分散は、観測データ・セットのバラツキを示す。
➢ 観測データがバラつく(平均から離れる)と偏差平方和は増える。
➢ しかし、観測データ数が増えても偏差平方和は増えてしまう。
➢ 偏差平方和を観測データ数で割って調整する。

## （参考） 記述統計と推測統計

統計理論には、「記述統計」と「推測統計」の2つがあります。いままで説明してきた「平均」「分散」の定義は、実は「記述統計」によるものです。しかし、VaRを計測するときに利用する平均、分散などの基本統計量は「推測統計」による定義で計算します。

### a. 記述統計

「記述統計」では、観測データ・セットが「母集団」であると考えます。すなわち、観測データ・セットは「母集団」を構成するすべての「標本」（サンプル）を含んでおり、「母集団」と「標本」は完全に一致しています。

したがって、観測データ・セットの基本統計量を計測することにより、「母集団」の特性を記述・分析することが可能となります。

### b. 推測統計

これに対して、「推測統計」では、観測データ・セットは「母集団」ではなく、「母集団」から抽出した「標本」（サンプル）にすぎないと考えます。

「推測統計」では、観測データ・セットの基本統計量などを計測することにより、母集団の特性を推測します。推測値に関しては、その値が妥当かどうかを、検証することが必要になります。

●記述統計の考え方（概念図）

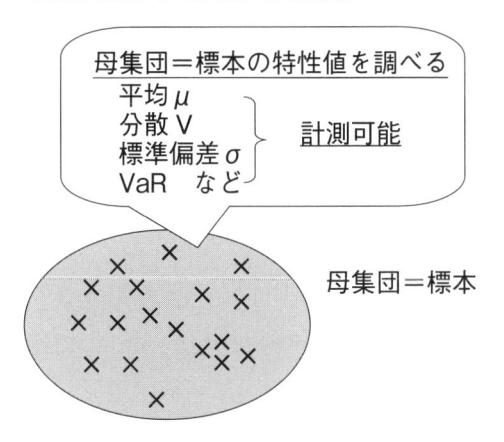

母集団＝標本の特性値を調べる
　平均 $\mu$
　分散 V
　標準偏差 $\sigma$
　VaR　など
｝計測可能

母集団＝標本

（例）　学校の特定のクラスに属する50人（母集団＝標本）の身長を計測して平均と分散を計算する。

●推測統計の考え方（概念図）

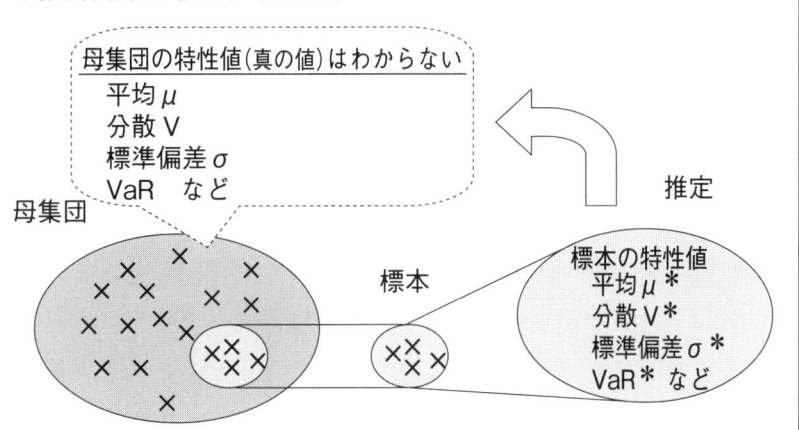

母集団の特性値(真の値)はわからない
　平均 $\mu$
　分散 V
　標準偏差 $\sigma$
　VaR　など

推定

母集団

標本

標本の特性値
　平均 $\mu^*$
　分散 $V^*$
　標準偏差 $\sigma^*$
　VaR$^*$　など

（例）　任意に抽出した50人（標本）の身長を計測して日本人全体（母集団）の身長の平均と分散を推定する。

（注）　碓井（2008a）より転載。長谷川（2000）を参考に作成。

## (2) 平均と分散（推測統計）

推測統計による「平均」と「分散」の定義を以下に記します。

平　　均

$$\overline{X} = \frac{X_1 + X_2 + \cdots + X_N}{N}$$

分散（標本分散）

$$Va = \frac{(X_1 - \overline{X})^2 + (X_2 - \overline{X})^2 + \cdots + (X_N - \overline{X})^2}{N - 1}$$

「平均」の定義は「記述統計」「推測統計」とも同じですが、「分散」に関しては、「記述統計」と「推測統計」で微妙に定義が異なっています。

中学、高校までは「記述統計」を習いますので、「分散」の定義は偏差平方和を「データ数」で割った値でした。「データ数」で割るのが当然であって、それ以外は考えられない方も少なくないと思います。

しかし、大学で初等統計学を学んだ方は偏差平方和を「データ数 - 1」で割って「分散」を定義したこと、また、これを「標本分散」と呼んだことを覚えているかもしれません。偏差平方和を「データ数 - 1」で割って「標本分散」を求めるのは「推測統計」の立場に立っているからです。

N個の観測データ・セット（$X_1$、$X_2$、・・・、$X_N$）について、ある母集団から任意に抽出された「標本」（サンプル）であるとします。「推測統計」では、このN個の観測データ・セットから「標本分散」を計測して母集団の「分散」を推測することになります。

　母集団の「分散」の真の値はだれにもわかりませんが、「標本分散」には、その「推定」値として、以下のような都合のよい特徴があることが知られています。

（一致性）
・「標本分散」は、Nが大きくなると、母集団の「真の分散」に限りなく近づく。

（不偏性）
・「標本分散」は、母集団の「真の分散」の偏りのない推定値となる。

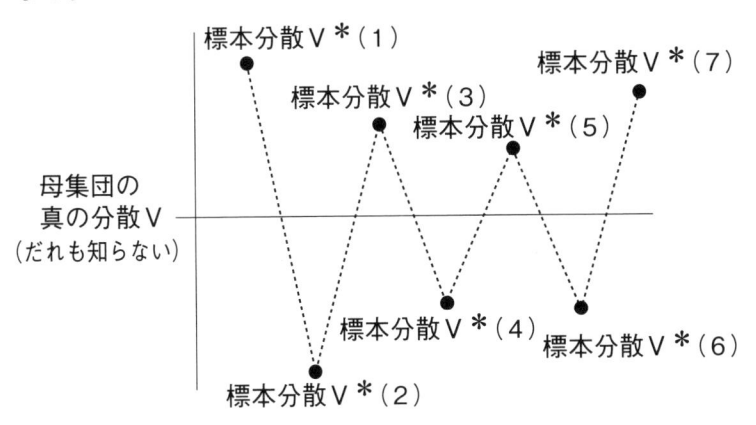

標本分散 V*(1)
標本分散 V*(3)
標本分散 V*(5)
標本分散 V*(7)
母集団の真の分散 V（だれも知らない）
標本分散 V*(2)
標本分散 V*(4)
標本分散 V*(6)

（注）　碓井（2008a）より転載。長谷川（2000）を参考に作成。

第2章 ◆ 統計・確率の基礎

## (3) 標準偏差

「標準偏差」は、分散と同じく、観測データ・セットの「バラツキ」を示す指標の1つです。

「標準偏差」も「分散」と同様に「記述統計」と「推測統計」で定義が異なりますが、ここでは「推測統計」の立場に立って「標準偏差」を定義します。

「標準偏差」は、「分散」の平方根（ルート）をとった値として定義されます。

$$\sigma = \sqrt{\frac{(X_1-\overline{X})^2+(X_2-\overline{X})^2+\cdots+(X_N-\overline{X})^2}{N-1}}$$

なぜ、平方根（ルート）をとるのか。それは「単位」を調整するためです。

「分散」の単位は、その定義をみるとわかりますが、観測データ・セットが有する単位の2乗になっています。たとえば、観測データの単位が「円」であれば、その分散の単位は「円×円」になります。

単位を調整しないと使いにくいので、平方根（ルート）をとることによって単位を観測データの単位にそろえます。観測データの単位が「円」であれば、その標準偏差の単位も「円」になります。

単位がそろうと、観測データ・セットを並べた直線上に「標準偏差」を重ねて示すことができます。

下図をみてください。観測データ・セットを並べた直線上で、「平均」から「標準偏差」だけ離れた位置をみると、まさに「平均」からの「標準」的な「偏差」を示していることがわかります。

●標準偏差の計算例

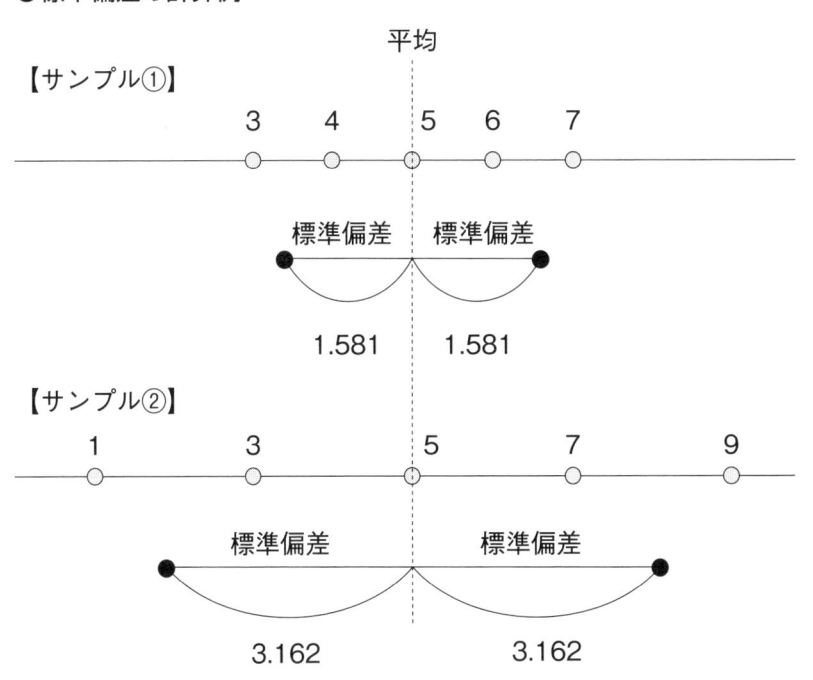

【サンプル①】

平均

3　4　5　6　7

標準偏差　標準偏差
1.581　　1.581

【サンプル②】

1　3　5　7　9

標準偏差　標準偏差
3.162　　3.162

（注）碓井（2008a）より転載。長谷川（2000）を参考に作成。

## (4) パーセント点

パーセント点とは、観測データを小さい順に並べたとき、その値よりも小さな値の割合が指定された割合（％）になるデータの値として定義されます。

統計学では、「50％点」のことを「中央値」あるいは「メジアン」と呼びます。そして、「25％点」のことを「第1四分位点」、「75％点」のことを「第3四分位点」と呼びます。

理解しにくい概念ですので、具体例でわかりやすく説明します。

### ●具体例
- 101個の観測データ・セットがあるとします。
- 観測データを小さい順に並べて1番初めのデータが0％点、101番目のデータが100％点になります。
- 50％点というのは、観測データを小さい順に並べてちょうど真ん中になる51番目のデータ値のことです。
- 90％点というのは、観測データを小さい順に並べて91番目のデータ値のことです。
- 99％点というのは、観測データを小さい順に並べて100番目のデータ値のことです。

また、VaR（バリュー・アット・リスク）を理解するうえで「パーセント点」の概念は重要です。

たとえば、「損失データ」が観測されているとして、その観測データ・セットの「99％点」のことを「99％VaR」といいます。

●99％VaR
・1001個の損失データが観測されているとします。
・観測データセットを小さい順に並べて1番初めのデータが0％点、1001番目のデータが100％点になります。
・「99％VaR」というのは損失データを小さい順に並べて991番目（99％点）になるデータ値のことです。

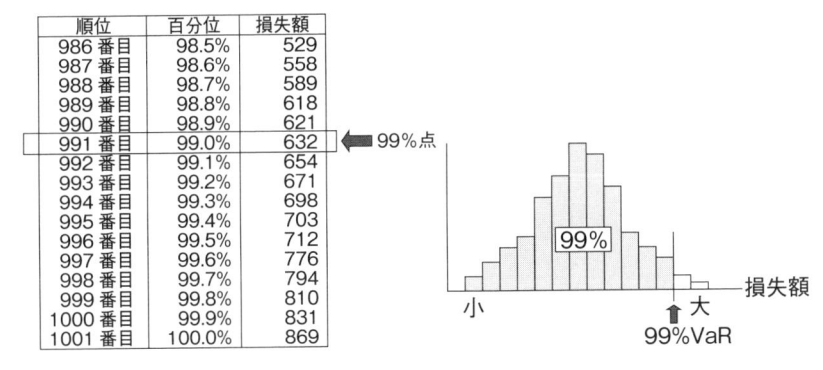

| 順位 | 百分位 | 損失額 |
|---|---|---|
| 986番目 | 98.5％ | 529 |
| 987番目 | 98.6％ | 558 |
| 988番目 | 98.7％ | 589 |
| 989番目 | 98.8％ | 618 |
| 990番目 | 98.9％ | 621 |
| 991番目 | 99.0％ | 632 |
| 992番目 | 99.1％ | 654 |
| 993番目 | 99.2％ | 671 |
| 994番目 | 99.3％ | 698 |
| 995番目 | 99.4％ | 703 |
| 996番目 | 99.5％ | 712 |
| 997番目 | 99.6％ | 776 |
| 998番目 | 99.7％ | 794 |
| 999番目 | 99.8％ | 810 |
| 1000番目 | 99.9％ | 831 |
| 1001番目 | 100.0％ | 869 |

←99％点

（注）　山下（2000）、碓井（2008a）を参考にして作成。

では、上記の例で損失データが1000個観測されているとき、99％VaRは小さい順に並べて何個目になるでしょうか。

直感的には、小さい順に並べて990個目のように思えますが、厳密には、989個目と990個目の間になります。99％VaRは989個目の値と990個目の値を使って按分計算して求めます。

第2章 ◆ 統計・確率の基礎

## 2 基本統計量（2変量）

### (1) 散布図

2つの変量（X、Y）について、それぞれN個の観測データ・セット（$X_1$、$X_2$、・・・、$X_N$）、（$Y_1$、$Y_2$、・・・、$Y_N$）があるとします。

2つの変量（X、Y）の関係を調べるため、「散布図」を描くことがあります。「散布図」というのは、t時点における観測データ（$X_t$、$Y_t$）をX-Y平面に打点したものです。

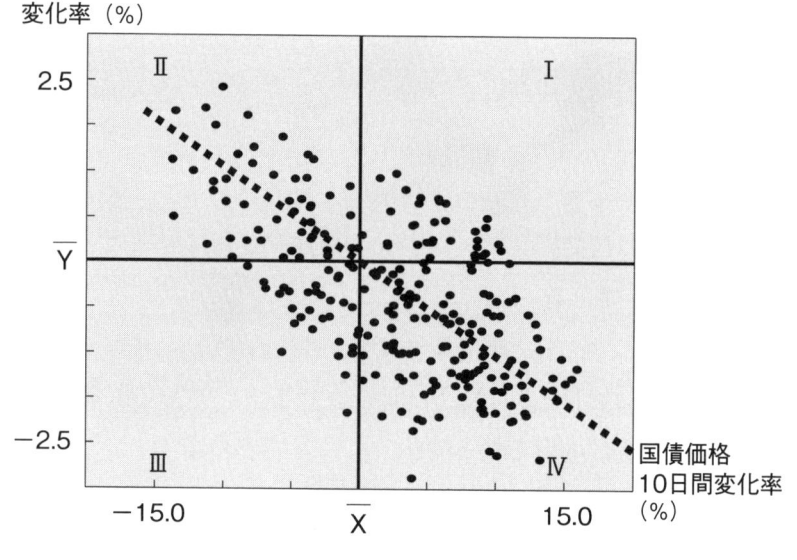

たとえば、株価の変化率と国債価格の変化率の時系列データに基づいて、「散布図」を作成すると左下図のようになります。

　図では、X軸を国債価格の変化率とし、Y軸を株価の変化率にしています。X軸とY軸で4つのエリアに区切ってみると、第2象限（Ⅱ）、第4象限（Ⅳ）に多くの観測データが散在しています。

　このことから、株価が上がる（変化率プラス）と国債価格が下がる（変化率マイナス）、株価が下がる（変化率マイナス）と国債価格が上がる（変化率プラス）ことが多いことがわかります。

　また、第2象限（Ⅱ）と第4象限（Ⅳ）を通る直線を引くと、その近くに観測データが集まっていることもわかります。株価の変化率と国債価格の変化率には「直線」的な比例関係が観察されます。

　「散布図」を描くことで、視覚的に2つの変量の動きが、どのように関連（相関）しているのかを容易に確認できます。2つの変量に「直線」的な比例関係があるか否か、また、その程度をみるための統計量としては、後述する「共分散」「相関係数」があります。

　観測データ・セットのなかに「異常値」が含まれていると、「共分散」「相関係数」などの統計量は大きな影響を受けることがあります。「異常値」の有無等をチェックするためにも、実際に「散布図」を描いて、2つの変量の関係を目で確認することが重要です。

## (2) 共 分 散

「共分散」とは、2つの変量（X、Y）間の「直線的な比例関係の強さ」を示す指標です。

「共分散」を定義するためには、まず、観測データの「偏差積和」を求めます。「偏差積和」とは、変量Xの「偏差」と、変量Yの「偏差」を掛けて足し合わせたものです。

偏差積和
$$= (X_1 - \overline{X})(Y_1 - \overline{Y}) + (X_2 - \overline{X})(Y_2 - \overline{Y}) + \cdots$$
$$\cdots + (X_N - \overline{X})(Y_N - \overline{Y})$$

「共分散」は、この「偏差積和」を「データ数 − 1」で割った値として定義されます。

$$COV(X、Y) = \frac{データの偏差積和}{データ数 - 1}$$

なお、「共分散」も「記述統計」と「推測統計」で定義が異なりますが、「データ数 − 1」で割っていることからもわかるとおり、ここでは「推測統計」の立場に立って定義しています。

●偏差積和

　第1象限（Ⅰ）と第3象限（Ⅲ）に観測データが多く分布しているとき、「偏差積和」は正の値をとります。

　一方、第2象限（Ⅱ）と第4象限（Ⅳ）に観測データが多く分布しているとき、「偏差積和」は負の値をとります。

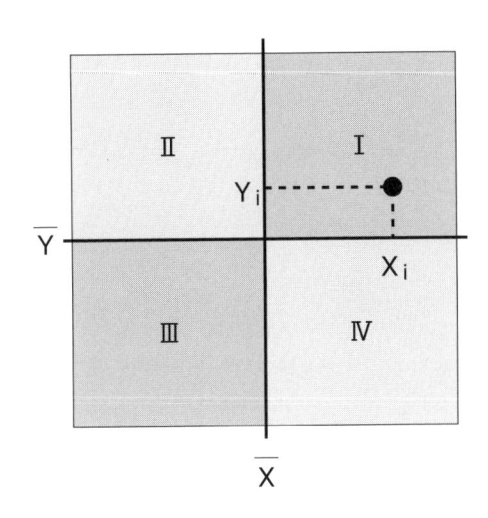

　　　第1象限（Ⅰ）　$(X_i - \overline{X})(Y_i - \overline{Y}) > 0$
　　　第2象限（Ⅱ）　$(X_i - \overline{X})(Y_i - \overline{Y}) < 0$
　　　第3象限（Ⅲ）　$(X_i - \overline{X})(Y_i - \overline{Y}) > 0$
　　　第4象限（Ⅳ）　$(X_i - \overline{X})(Y_i - \overline{Y}) < 0$

　（注）　碓井（2008a）より転載。長谷川（2000）を参考に作成。

## (3) 相関係数

「相関係数」も、2つの変量（X、Y）間の「直線的な比例関係の強さ」を示す指標です。

「相関係数」は、2つの変量(X、Y)の「共分散」(COV(X、Y))を、Xの「標準偏差」($\sigma(X)$)とYの「標準偏差」($\sigma(Y)$)で割って定義されます。

$$\rho(X、Y) = \frac{COV(X、Y)}{\sigma(X)\ \sigma(Y)}$$

「共分散」と「標準偏差」は、記述統計と推測統計でその定義が異なりました。Nで割るか、N−1で割るかの違いがありました。しかし、「相関係数」は記述統計と推測統計で計算式が同じになります。

これは、「相関係数」が、X、Yの「共分散」をXの「標準偏差」とYの「標準偏差」で割って算出されますが、その過程で分子・分母に含まれるNあるいはN−1がキャンセル・アウトされるからです。このため、記述統計による計算式と推測統計による計算式は一致します。

$$\rho(X、Y) = \frac{(X_1-\overline{X})(Y_1-\overline{Y})+\cdots+(X_N-\overline{X})(Y_N-\overline{Y})}{\sqrt{(X_1-\overline{X})^2+\cdots+(X_N-\overline{X})^2}\sqrt{(Y_1-\overline{Y})^2+\cdots+(Y_N-\overline{Y})^2}}$$

相関係数の意味を考えるために、その単位をみてみましょう。

まず、分子の「共分散」の単位は、Xの単位とYの単位を掛けたものになります。一方、分母は、Xの「標準偏差」とYの「標準偏差」を掛けた値ですので、その単位もXの単位とYの単位を掛けたものになります。

したがって、分母・分子の単位がキャンセル・アウトされ、「相関係数」の単位はなくなってしまいます。単位のない数のことを「無名数」といいます。

このように単位調整された「相関係数」を利用することにより、2変量の「直線」的な比例関係の強さを比較することができるようになります。

2変量（X、Y）の「相関係数」を計算して、プラスの値をとるとき、「正の相関」があるといいます。反対にマイナスの値をとるとき、「負の相関」があるといいます。

特に証明はしませんが、「相関係数」について、その値は－1から1までの値をとることが知られています。

「相関係数」が＋1のときを「正の完全相関」があるといい、－1のときを「負の完全相関」があるといいます。また、「相関係数」がゼロのときを「無相関」といいます。

## ●相関係数と散布図

$\rho = 1.0$（正の完全相関）

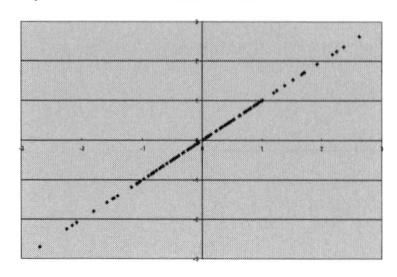

$\rho = -1.0$（負の完全相関）

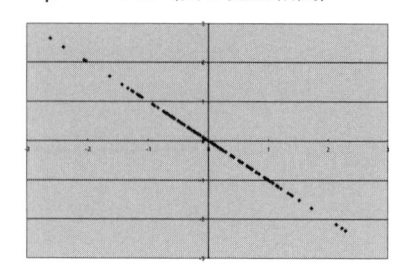

$\rho = 0.7$

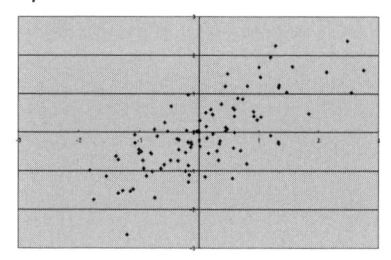

$\rho = -0.7$

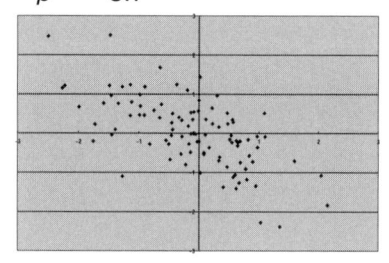

$\rho = 0$（無相関）

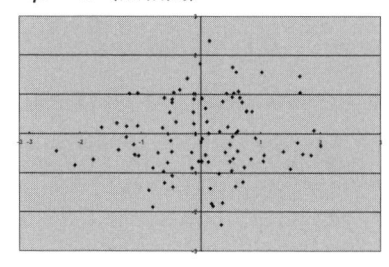

● 基本統計量

| | 記号 | 読み方 | Excel 関数 |
|---|---|---|---|
| 平　均 | $\overline{X}$ | エックス・バー | AVERAGE<br>（記述・推測統計） |
| 分　散 | V | バリアンス | VARP<br>（記述統計） |
| | | | VARA<br>（推測統計） |
| 標準偏差 | σ | シグマ | STDEVP<br>（記述統計） |
| | | | STDEVA<br>（推測統計） |
| パーセント点 | — | — | PERCENTILE |
| 共 分 散 | COV | コバリアンス | COVAR（注）<br>（記述統計） |
| 相関係数 | ρ | ロー | CORELL<br>（記述・推測統計） |

（注）　Excel 関数では、共分散は記述統計の定義による関数は用意されているが、推測統計の定義による関数は用意されていない。

● 分散共分散行列

n 個の変量 ($X_1$、$X_2$、・・・、$X_n$) のなかから任意に 2 個の変量 ($X_i$、$X_j$) を選び「分散」と「共分散」を計算します。

これらを n×n の行列 (マトリックス) にまとめて記載したものを「分散共分散行列」と呼びます。

| $V_{X1}$ | $COV(X_1、X_2)$ | $COV(X_1、X_3)$ | ⋯ | $COV(X_1、X_n)$ |
|---|---|---|---|---|
| $COV(X_2、X_1)$ | $V_{X2}$ | $COV(X_2、X_3)$ | ⋯ | $COV(X_2、X_n)$ |
| $COV(X_3、X_1)$ | $COV(X_3、X_2)$ | $V_{X3}$ | ⋯ | $COV(X_3、X_n)$ |
| ⋮ | ⋮ | ⋮ | ⋱ | ⋮ |
| $COV(X_n、X_1)$ | $COV(X_n、X_2)$ | $COV(X_n、X_3)$ | ⋯ | $V_{Xn}$ |

「分散共分散行列」の主対角線上の値は分散 ($V_{Xi}$) になります。

$COV(X_i、X_i) = V_{Xi}$

「分散共分散行列」の i 行 j 列の値と j 行 i 列の値は同じになります。

$COV(X_i、X_j) = COV(X_j、X_i)$

## ●相関行列

n個の変量（$X_1$、$X_2$、・・・、$X_n$）のなかから任意に2個の変量（$X_i$、$X_j$）を選んで「相関係数」を計算します。

これらをn×nの行列（マトリックス）にまとめて記載したものを「相関行列」と呼びます。

| 1 | $\rho(X_1, X_2)$ | $\rho(X_1, X_3)$ | ⋯ | $\rho(X_1, X_n)$ |
|---|---|---|---|---|
| $\rho(X_2, X_1)$ | 1 | $\rho(X_2, X_3)$ | ⋯ | $\rho(X_2, X_n)$ |
| $\rho(X_3, X_1)$ | $\rho(X_3, X_2)$ | 1 | ⋯ | $\rho(X_3, X_n)$ |
| ⋮ | ⋮ | ⋮ | ⋱ | ⋮ |
| $\rho(X_n, X_1)$ | $\rho(X_n, X_2)$ | $\rho(X_n, X_3)$ | ⋯ | 1 |

「相関行列」の主対角線上の値は1になります。

$\rho(X_i, X_i) = 1$

「相関行列」のi行j列の値とj行i列の値は同じになります。

$\rho(X_i, X_j) = \rho(X_j, X_i)$

第3章で、「分散共分散法」と呼ばれるVaR計測手法の説明をします。n個のリスクファクターがある場合のVaR計測モデルでは、ここで紹介した「分散共分散行列」「相関行列」が特に重要な働きをします。

# 3 確率変数と確率分布

## (1) 確率変数

「確率変数」とは、あらかじめ定まった確率に従って値が変わる変数です。

たとえば、サイコロを振ったとき、サイコロの出る目は1から6までの整数となりますが、それぞれの目が出る確率は6分の1です。

サイコロを振ったときに出る「目の数」それぞれに「6分の1」という確率が紐付いていると考えることができます。

(例) サイコロを振ったときに出る目の数

| サイコロの目(X) | 1 | 2 | 3 | 4 | 5 | 6 |
|---|---|---|---|---|---|---|
| 確率 | 1/6 | 1/6 | 1/6 | 1/6 | 1/6 | 1/6 |

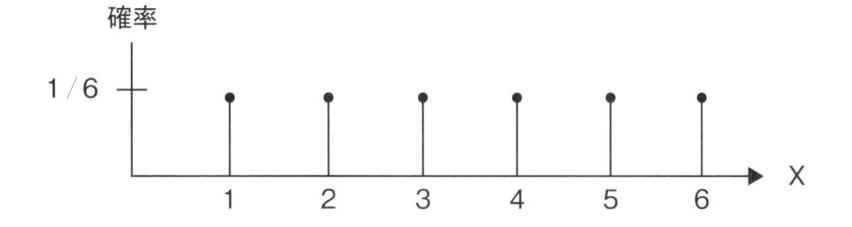

株価、金利、為替などの相場変動についても、すべての変動が起きる確率があらかじめ決まっていると考えれば、「確率変数」としてとらえることができます。

（例）　株価の変化率

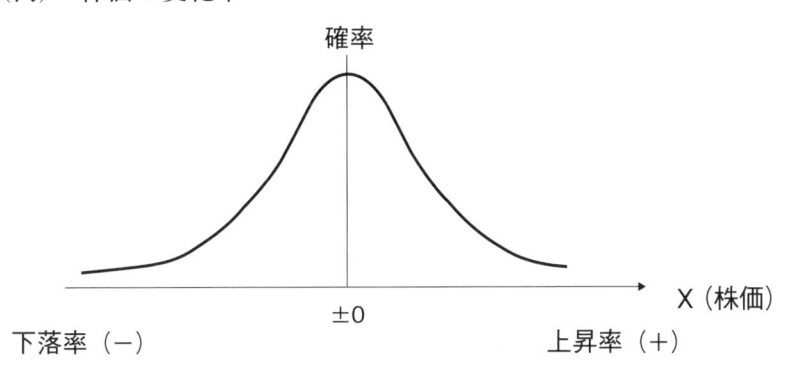

```
            確率
             │
            ╱│╲
           ╱ │ ╲
          ╱  │  ╲
         ╱   │   ╲
        ╱    │    ╲
  ─────╱     │     ╲─────→ X（株価）
            ±0
下落率（－）        上昇率（＋）
```

　その他にも、以下のとおり、「確率変数」としてとらえることが可能なものは少なくありません。詳しくは、第3章、第4章で紹介します。

（例）
・事件・事故の年間発生件数
・事件・事故の発生に伴う損失金額（1回当り）
・個別企業の信用状態
・VaRを250回計測して、VaRを超える損失が発生する回数

## (2) 確率分布

確率分布を表す2種類の関数があります。

1つは「確率密度関数」といって、確率変数（X）が「ある値」（$X_0$）をとる「確率密度」を表す関数です。

もう1つは、「分布関数」といって、確率変数（X）が「ある値（$X_0$）以下」になる「確率」を表す関数です。

初心者にはわかりにくい概念ですが、「確率密度関数」と「分布関数」の違い、「確率密度」と「確率」の違いについて理解することが重要です。

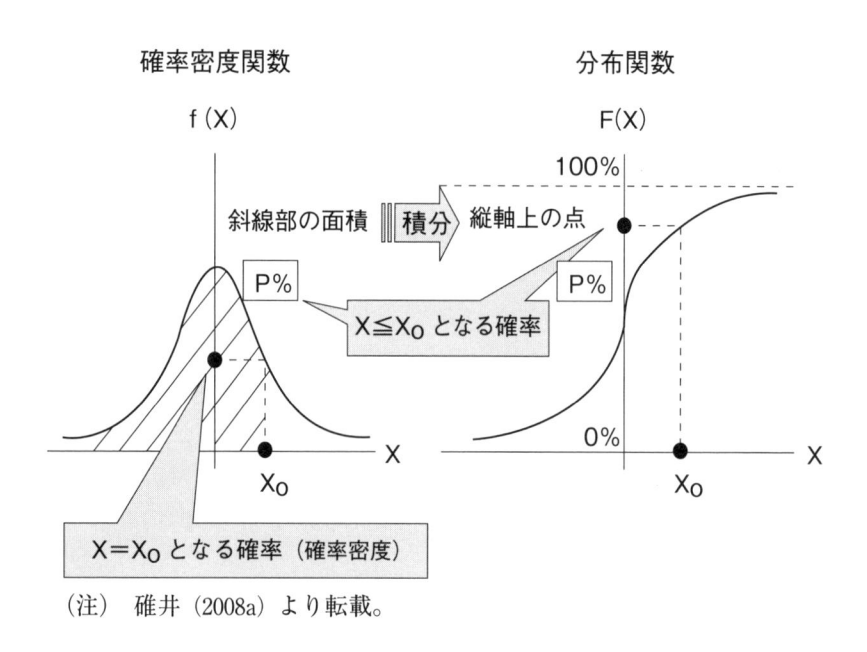

確率密度関数 f(X) ／ 分布関数 F(X)

斜線部の面積 →積分→ 縦軸上の点

P%　X≦$X_0$ となる確率　P%

X＝$X_0$ となる確率（確率密度）

（注）　碓井（2008a）より転載。

意外に感じるかもしれませんが、連続的に変化する確率変数（X）について、「ある値」（$X_0$）をとる「確率」を定義することはできません。定義できるのは、確率変数（X）が「ある値（$X_0$）以下」になる「確率」です。

　「確率密度関数」が与えられたとして、確率変数（X）が「ある値（$X_0$）以下」になる「確率」は、以下の手順で求めることができます。
① 「確率密度関数」（f(X)）により、確率変数（X）がマイナス無限大（$-\infty$）から「ある値」（$X_0$）までの値をとるときの「確率密度」を求めます。
② 「確率密度関数」（f(X)）について、マイナス無限大（$-\infty$）から「ある値」（$X_0$）までを「積分」して、斜線部の面積を求めます。
③ 斜線部の面積をP％とすれば、このP％が、確率変数（X）が「ある値（$X_0$）以下」になる「確率」に相当します。

　「分布関数」というのは、確率変数（X）をマイナス無限大（$-\infty$）からプラス無限大（$+\infty$）まで変化させて、上記の「確率」（P％）がどのように変化するのかをみた関数です（F(X)）。
　このようにして求められた「分布関数」は「確率密度」を「累積」して足しあげていくようにみえるため、「累積確率密度関数」と呼ぶこともあります。

理解を深めるために、簡単な例を考えてみましょう。数直線上で0から1までの値をランダムに確率変数（X）を発生させます。

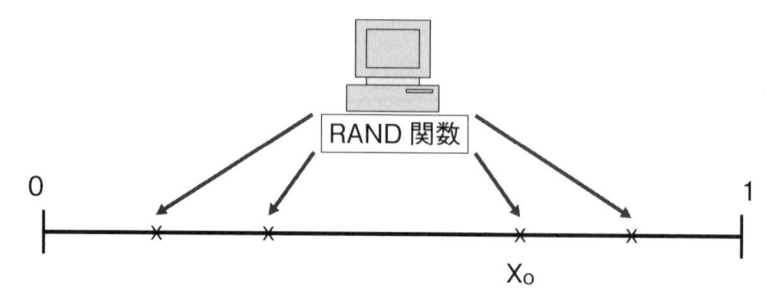

```
         ┌─────────┐
         │ RAND 関数 │
         └─────────┘
    0      ↙   ↙   ↘   ↘      1
    ├──────×───×────────×───×──┤
                        X₀
```

確率変数（X）は0から1までのあいだで無限個の値をとる可能性があります。

したがって、たとえば、確率変数（X）が0.7という値をとる確率を求めようとすれば、「1÷無限大（∞）」を計算しなければなりません。すなわち「X=0.7となる確率」は定義できないことになります。

0から1までのあいだの「ある値」を取り出して、確率変数（X）がその値をとる「確率」を求めようとすると計算できません。

では、どのようにすれば「確率」を定義することができるのでしょうか。

たとえば、確率変数（X）が0以上0.7以下の値をとるときを考えれば、その「確率」が定義できて0.7となることは直感的に理解できると思います。

確率変数（X）が一定の範囲の値をとるときに、その「確率」を定義することができます。

　下記の「確率密度関数」の図をみてください。この例では、確率変数（X）が0から1までのどの値をとるのか、その「蓋然性」は同じになります。この「蓋然性」のことを「確率密度」（f(X)）という概念で表します。この例では、「確率密度」(f(X))は1で一定となっています。

　このとき、確率変数（X）が0以上0.7以下の値をとる「確率」は、0.7×1（確率密度）を計算することにより求めることができます。この「確率」は斜線で示した部分の面積に相当します。

　「分布関数」の図をみてください。この例では、確率変数（X）が「ある値」（$X_0$）以下の値をとるときの「確率」が $F(X_0)=X_0×1$（確率密度）で与えられています。

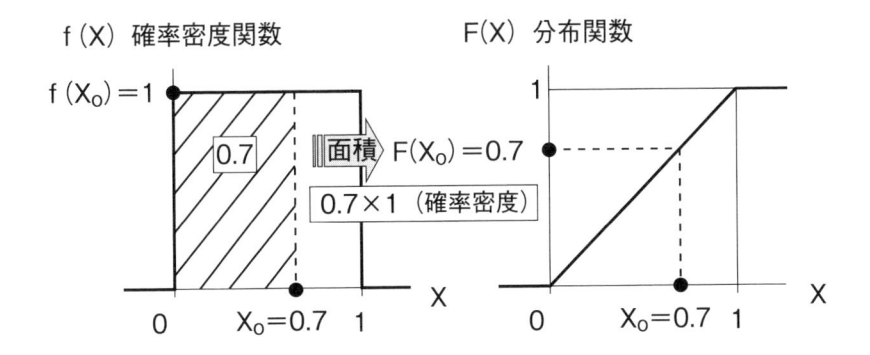

f(X) 確率密度関数　　　　F(X) 分布関数

$f(X_0)=1$

0.7　面積　$F(X_0)=0.7$

0.7×1（確率密度）

0　　$X_0=0.7$　1　　X

0　　$X_0=0.7$　1　　X

第2章 ◆ 統計・確率の基礎

「確率密度」といわれても、ピンとこないという方も少なくありません。なぜ、「密度」という言葉を使うのかがわからないという声をよく聞きます。

「確率密度」のイメージをつかんでいただくために、もう1つ、次のような例を考えてみましょう。

（例）　北海道の北の端から沖縄の南の島まで歩きながら会う人を1人1人数えながら日本の人口を調べます。

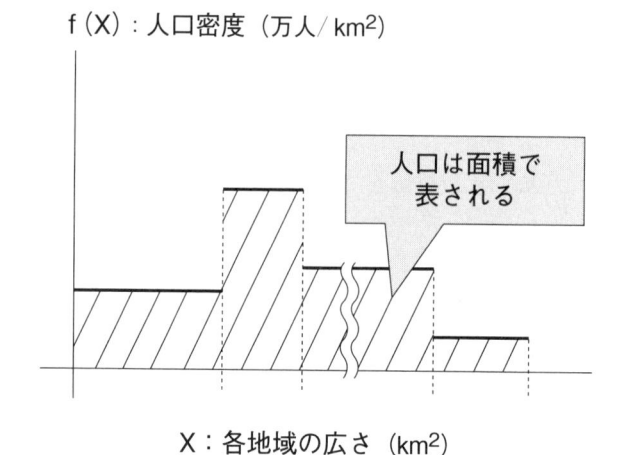

f(X)：人口密度（万人／km²）

人口は面積で表される

X：各地域の広さ（km²）

北海道は人口密度が低いので、北海道を歩いているあいだは、人になかなか会いません。東京では人口密度が高くなります。少し歩くだけでも本当に多くの人に会います。

さて、ある地点に立ったとき、そこの「人口密度」とは何を表しているでしょうか？ それは、まさに人に会う「確率密度」です。

各都道府県で人に会う「確率密度」と、各都道府県の「広さ」を掛け算すると、各都道府県の人口になります。斜線で示した四角の面積が人口を表しています。

そして、1人1人数えて、数えた人の数を累積していって日本中を数え終わると、日本の人口が約1億2,000万人ということになります。下図は、会った日本人の累積値をグラフ化したものです。

「人口密度」を累積（積分）すると「人口」になります。同様に「確率密度」を累積（積分）すると「確率」になるのです。

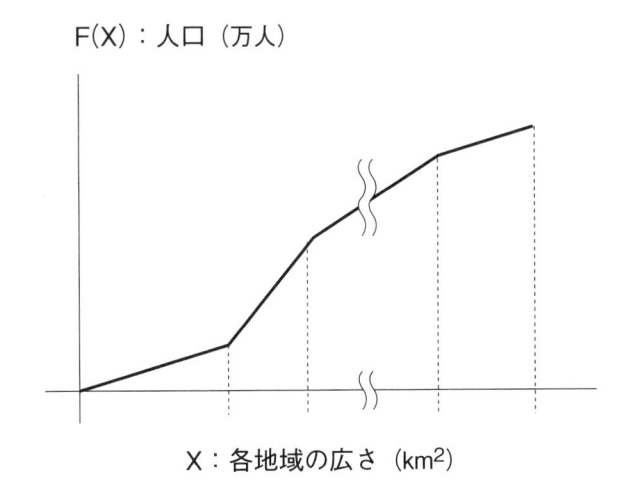

F(X)：人口（万人）

X：各地域の広さ（km²）

第2章 ◆ 統計・確率の基礎

## (3) さまざまな確率分布

では、「確率変数」は、どのような確率分布に従って変動するのでしょうか。

統計理論家はさまざまな観測データの動きに適合するような確率分布を考案してきました。長年の研究成果の蓄積があり、さまざまな確率分布を利用することができます。

ここでは、①一様分布、②正規分布、③対数正規分布、④ポワソン分布、⑤２項分布の５つを取り上げます。

### a. 一様分布

確率変数（X）が、ある区間で同じ蓋然性で生じると考えられるときに適用します。

一様分布では、ある区間で「確率密度」は同一の値をとります。分布関数は右上がりの直線になります。

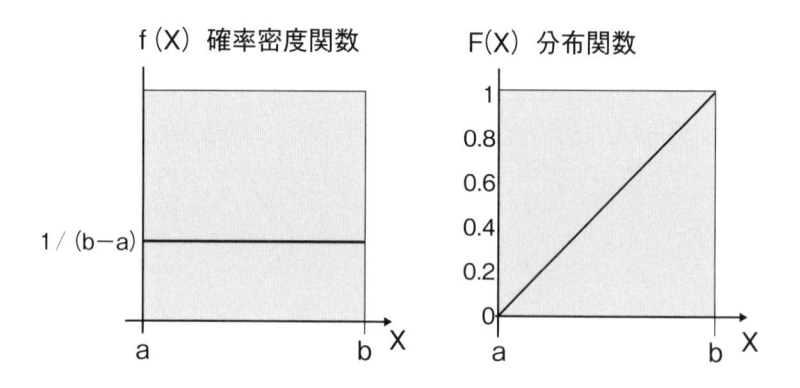

## b. 正規分布

正規分布は、天才数学者ガウスが「誤差」の分析に利用しました。このため、「ガウス分布」とも呼ばれます。

その後、正規分布はさまざまな分野で利用されるようになりました。金利、株価、為替などの変化率を「確率変数」としてとらえるとき、その確率分布として、正規分布を適用することがあります。

正規分布の「確率密度関数」は左右対称のきれいな釣鐘型の形状をしています。また、「分布関数」は右上がりのS字カーブの形状をしています。

正規分布は、平均（$\mu$）と標準偏差（$\sigma$）に応じて、その形状が変化することが知られています。たとえば、標準偏差（$\sigma$）の値が大きくなると、「確率密度関数」は横に平たい形状に変化します。「分布関数」は、平均付近のカーブの傾きが緩やかになります。

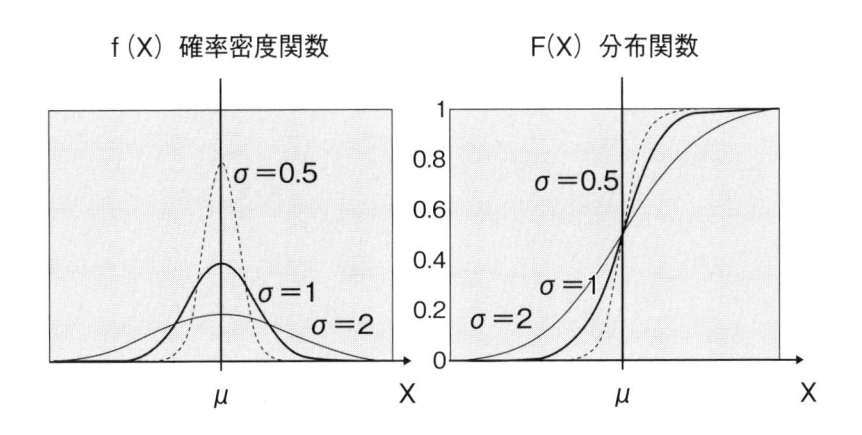

正規分布は平均（$\mu$）と標準偏差（$\sigma$）をパラメータとして与えると、具体的な分布の形状がピタッと1つに特定されます。

確率変数（X）が、平均（$\mu$）、標準偏差（$\sigma$）の正規分布に従うとき、$X \sim N(\mu、\sigma^2)$ と記載します。

ちなみに、平均ゼロ、標準偏差1の正規分布を「標準正規分布」と呼びます。実は、すべての正規分布はこの「標準正規分布」からつくることができます。

確率変数（X）が「標準正規分布」に従うとすると、$\sigma X + \mu$ も確率変数となり、平均 $\mu$、標準偏差 $\sigma$ の正規分布に従うことが知られています。

$X \sim N(0、1) \Rightarrow \sigma X + \mu \sim N(\mu、\sigma^2)$

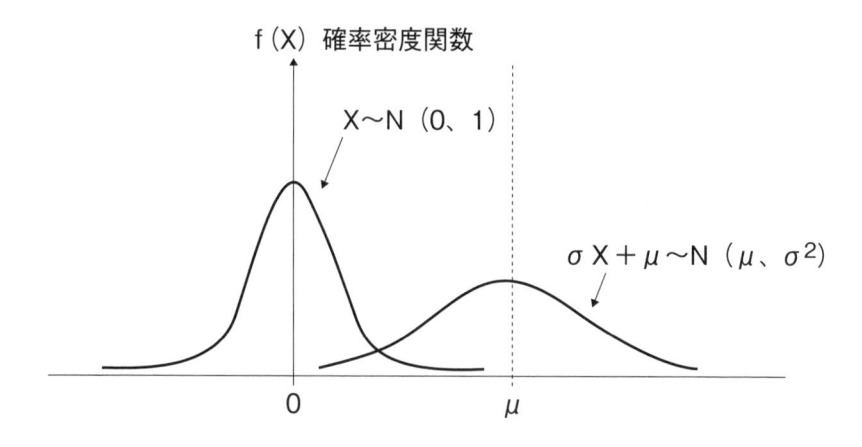

f(X) 確率密度関数

$X \sim N(0、1)$

$\sigma X + \mu \sim N(\mu、\sigma^2)$

0　　　$\mu$

正規分布には、もう１つ利用しやすい特徴があります。それは、確率変数（X）の値が平均からどれだけ離れているかをみると、確率変数（X）がその値以下となる確率がどのくらいかがよく知られているということです。

　たとえば、確率変数（X）が平均ゼロ、標準偏差 $\sigma$ の正規分布に従って変動するとき、確率変数（X）が $2.33 \times \sigma$ 以下となる確率は99％となることが知られています。これを言い換えると、確率変数（X）の99％点が $2.33 \times \sigma$ となるということです。

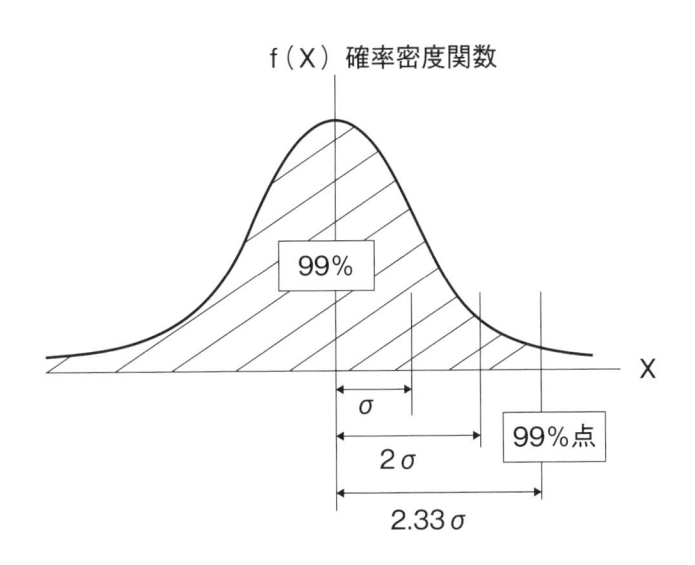

f(X) 確率密度関数

99％

99％点

σ

2σ

2.33σ

X

　　X≦　　 σとなる確率は　84.1％
　　X≦　2σとなる確率は　97.7％
　　X≦2.33σとなる確率は　99.0％
　　X≦　3σとなる確率は　99.9％

第２章 ◆ 統計・確率の基礎

## c. 対数正規分布

事件・事故などの発生に伴う損失金額を「確率変数」としてとらえることができます。

一般的に、事件・事故などでは比較的少額の損失が発生する確率は高く、多額の損失が発生する確率は低いと考えられます。このようなとき、対数正規分布の適用を検討します。

対数正規分布の「確率密度関数」は、左右非対象で片側に裾野が長い形状になります。

一見すると、正規分布とは似ても似つかない形状ですが、対数変換（logX）するとその確率分布が正規分布になるという特徴があります。

対数正規分布は、確率変数（X）の対数変換値（logX）の平均（$\log \mu$）と標準偏差（$\log \sigma$）をパラメータとして与えると、分布の形状が特定されます。

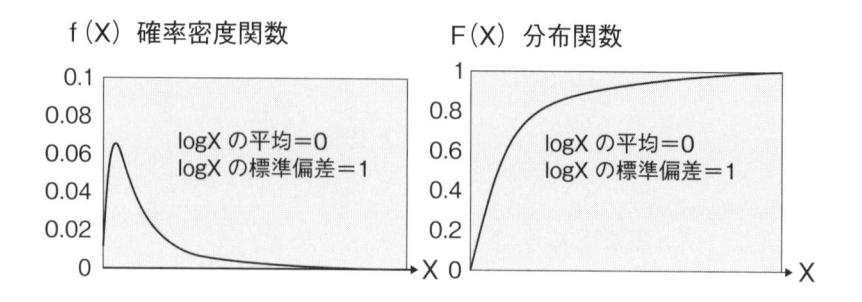

f(X) 確率密度関数

logX の平均＝0
logX の標準偏差＝1

F(X) 分布関数

logX の平均＝0
logX の標準偏差＝1

### d. ポワソン分布

事件・事故などが一定期間内に発生する回数（K）を「確率変数」としてとらえることができます。

一般的に、事件・事故などは、その発生確率が非常に低いと考えられます。また、一定期間内に事件・事故が発生する回数（K）については、平均発生回数（$\lambda$）の近辺となる確率が高く、それ以上に発生回数が大きくなると、その発生確率はだんだん低くなると考えられます。このようなとき、ポワソン分布の適用を検討します。

ポワソン分布は、後述する2項分布の極限分布（$Np=\lambda$、$N \to +\infty$、$p \to 0$）として導出されました。ポワソン分布は、平均（$\lambda$）をパラメータとして与えるだけで、分布の形状が特定されます。

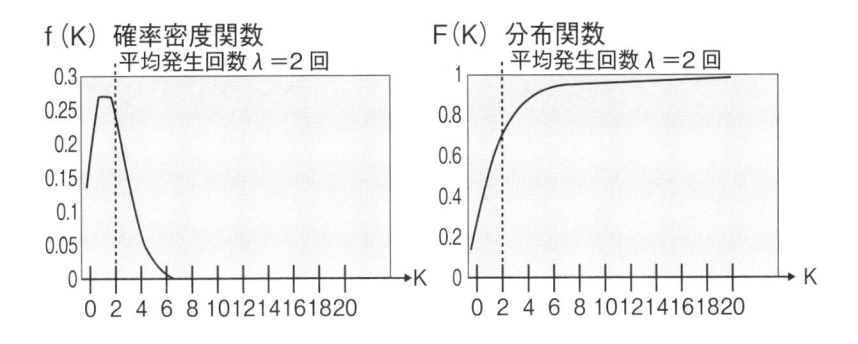

第2章 ◆ 統計・確率の基礎

### e．2項分布

2項分布というのは、結果が2通りある試行（実験）があって、片方の結果が起きる確率がpで、もう片方の結果が起きる確率が1−pのとき、試行（実験）をN回繰り返したとき、片方の結果が起きる回数（K）の確率分布のことをいいます。

2項分布の「確率密度関数」は、以下の算式で表されます。

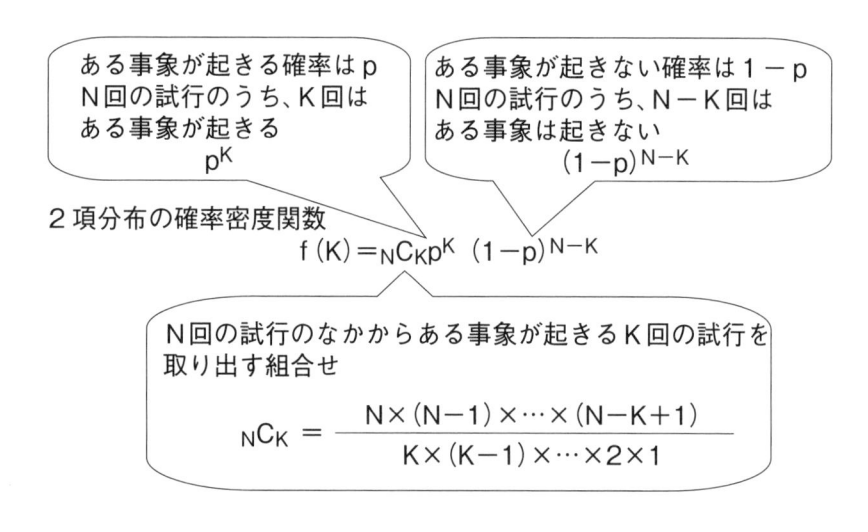

> ある事象が起きる確率はp
> N回の試行のうち、K回はある事象が起きる
> $p^K$

> ある事象が起きない確率は1−p
> N回の試行のうち、N−K回はある事象は起きない
> $(1-p)^{N-K}$

2項分布の確率密度関数
$$f(K) = {}_N C_K p^K (1-p)^{N-K}$$

> N回の試行のなかからある事象が起きるK回の試行を取り出す組合せ
> $${}_N C_K = \frac{N \times (N-1) \times \cdots \times (N-K+1)}{K \times (K-1) \times \cdots \times 2 \times 1}$$

試行回数（N）と片方の結果が起きる確率（p）をパラメータとして与えると、2項分布の形状は特定されます。

言葉で説明してもわかりにくいので例をあげましょう。

（例） サイコロを10回振ったとき、1の目が出る回数（K）の「確率分布」を考えてみましょう。

試行回数 $N=10$

1の目が出る確率 $p=1/6$

1の目が出ない確率 $1-p=5/6$

このとき、

1の目が1回も出ない確率は　　${}_{10}C_0(1/6)^0(5/6)^{10}$

1の目が1回出る確率は　　　　${}_{10}C_1(1/6)^1(5/6)^9$

1の目が2回出る確率は　　　　${}_{10}C_2(1/6)^2(5/6)^8$

　　　　　　　　　　　　　　　　$\vdots$

1の目が10回出る確率は　　　　${}_{10}C_{10}(1/6)^{10}(5/6)^0$

となっています。

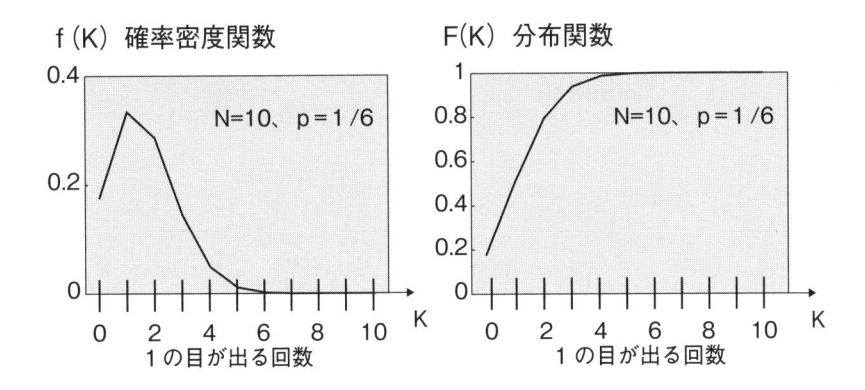

f(K) 確率密度関数　　　　　　　F(K) 分布関数

N=10、p=1/6　　　　　　　　　N=10、p=1/6

1の目が出る回数　　　　　　　　1の目が出る回数

第2章 ◆ 統計・確率の基礎

## (4) 確率変数の独立と i.i.d.

　確率変数の「独立」と「i.i.d.」について説明します。初心者には、やや理解しにくい概念ですので、簡単な例をあげてから、それぞれの定義を紹介します。

（例）
・サイコロを繰り返し振ります。
・1回目に出る目の数（$X_1$）は確率変数になります。
・1から6まで、どの目が出る確率も6分の1です。
・2回目に出る目の数（$X_2$）も、3回目に出る目の数（$X_3$）も確率変数になります。
・2回目も、3回目も、1から6まで、どの目が出る確率も6分の1で変わりはありません。

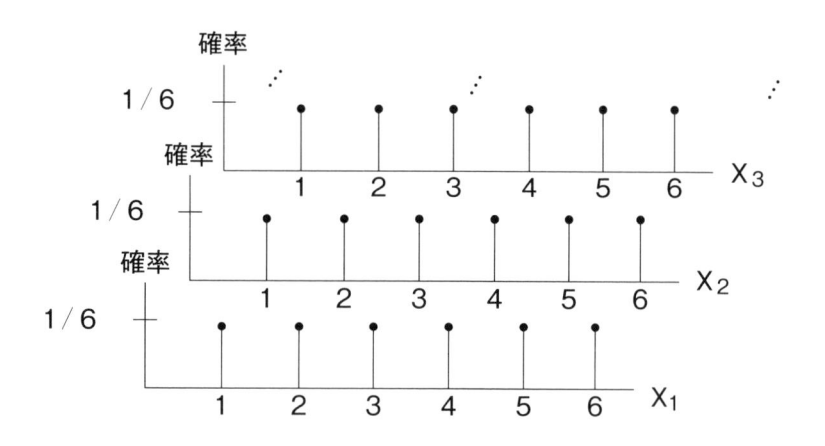

仮に、サイコロを2回振って、2回続けて1の目が出たとしても3回目に出る目の数は影響を受けません。

もう少し一般化していうとt回目に出る目の数（$X_t$）とs回目に出る目の数（$X_s$）もお互いに影響を及ぼしません。

● 独立の定義

2つの確率変数 $X_t$、$X_s$ が互いに影響されず、それぞれの確率分布に従って変動するとき、確率変数 $X_t$、$X_s$ は互いに「独立」であるといいます。

また、サイコロを繰り返し振るとき、何回目の試行でも1から6まで、どの目が出る確率も6分の1で変わりはありません。つまり、サイコロを振って出る目の数（$X_t$）の確率分布は、時点にかかわらず、常に同一です。

● i.i.d. の定義

2つの確率変数 $X_t$、$X_s$ は、以下の2つの条件を満たすとき、互いに「i.i.d.」であるといいます。
① 確率変数 $X_t$、$X_s$ は互いに独立である。
② 確率変数 $X_t$、$X_s$ は同一の確率分布に従う。

なお、「i.i.d.」というのは、independently and identically distributed の略です。

市場 VaR の計測モデルでは、株価、金利、為替などの動きを「確率変数」としてとらえます。そのとき、「独立」や「i.i.d.」の想定を置くことがよくあります。

　具体的には、下図に示したように、過去の変動（実績）が将来の変動（予想）に影響を及ぼすことはないとか、過去から将来にわたって、同一の確率分布に従って変動すると想定します。

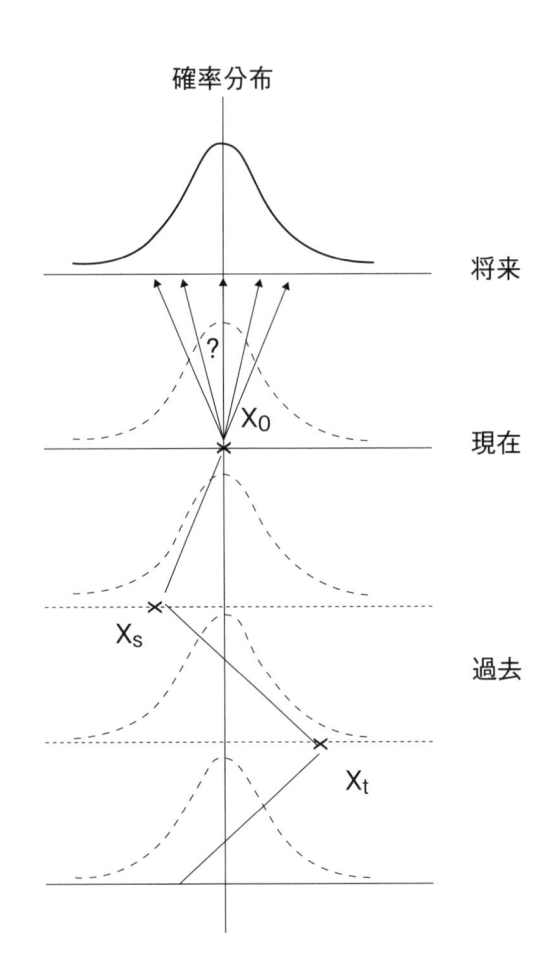

なお、「独立」や「i.i.d.」の想定が実際に成立しているか否か、株価、金利、為替などの観測データを使って、多くの実証研究が行われました。その結果、厳密な意味で「独立」や「i.i.d.」の想定が成立していると認められたケースは少なかったといわれています。

しかし、多くのVaR計測モデルでは、便宜的に「独立」や「i.i.d.」の想定を置いています。この点で、VaR計測モデルの精度には限界が生じる可能性があります。

●東証TOPIX日次変化率の推移

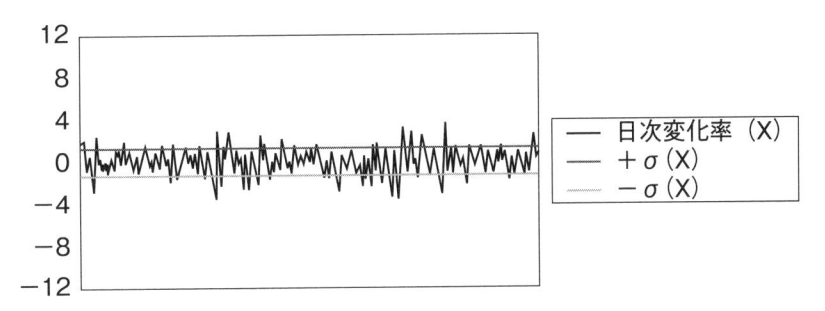

●東証TOPIX10日間変化率の推移

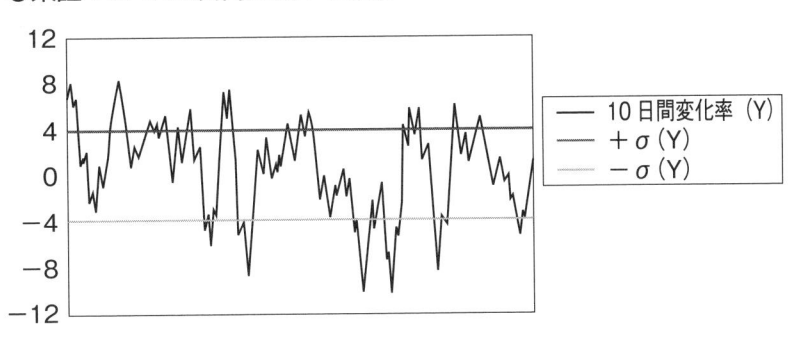

第2章 ◆ 統計・確率の基礎

## (5) ルートT倍ルール

最後に、確率変数の「独立」や「i.i.d.」に関連した定理をいくつか紹介しておきます。

【定理A】
確率変数 $X_t$、$X_s$ が互いに「独立」のとき、
① 確率変数 $X_t \times X_s$ の期待値は、それぞれの確率変数の期待値の積になる。
 $E(X_t \times X_s) = E(X_t) \times E(X_s)$
② 確率変数 $X_t + X_s$ の分散は、それぞれの確率変数の分散の和に等しい。
 $V(X_t + X_s) = V(X_t) + V(X_s)$
③ 確率変数 $X_t$、$X_s$ は無相関である。
 $\rho(X_t、X_s) = 0$

(証明省略)

上記【定理A】②を使うと、以下に示す【定理B】、【定理C】が成立することを証明することができます。【定理C】のことを、「ルートT倍ルール」といいます。

第3章で説明するVaRの計測手法の1つ、「分散共分散法」(ルートT倍法)では、「i.i.d.」の想定に基づく「ルートT倍ルール」の成立が前提となっています。

【定理B】

T個の確率変数（$X_1$、$X_2$、・・・、$X_T$）が「i.i.d.」であるとき、その合計値（$X_1+X_2+\cdots+X_T$）の分散は、各確率変数の分散（V）のT倍に等しくなる。

$V(X_1+X_2+\cdots+X_T)$
$= V(X_1)+V(X_2)+\cdots+V(X_T)$
$= T \times V$

ただし、$V = V(X_1) = V(X_2) = \cdots = V(X_T)$

（証明省略）


【定理C】

T個の確率変数（$X_1$、$X_2$、・・・、$X_T$）が「i.i.d.」であるとき、その合計値（$X_1+X_2+\cdots+X_T$）の標準偏差は、各確率変数の標準偏差（$\sigma$）の$\sqrt{T}$倍に等しくなる。

$\sigma(X_1+X_2+\cdots+X_T)$
$= \sqrt{T} \times \sigma$

ただし、$\sigma = \sigma(X_1) = \sigma(X_2) = \cdots = \sigma(X_T)$

（証明省略）

## 4 推定と検定

### (1) 推　　定

「母集団」が大きくなると、その特性を表す平均、分散、標準偏差、VaRなどを計測することはできなくなります。このような場合、「母集団」の特性値の「真の値」はだれにもわかりません。

そこで「母集団」のなかから「標本」(サンプル)をとって、その平均、分散、標準偏差、VaRなどの特性値を計測することにより、「真の値」を推測します。これを、統計用語では「推定」といいます。

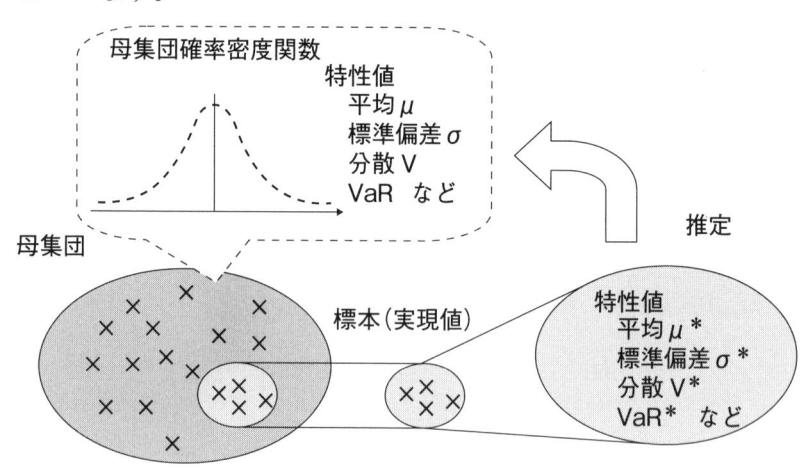

母集団確率密度関数
特性値
平均 $\mu$
標準偏差 $\sigma$
分散 $V$
VaR　など

母集団

標本(実現値)

推定

特性値
平均 $\mu^*$
標準偏差 $\sigma^*$
分散 $V^*$
VaR$^*$　など

(注)　長谷川 (2000) を参考に作成。

## (2) 検　　定

「推定」した値が正しいかどうか、統計的な手続で検証することを「検定」といいます。
「検定」は、初心者にはやや理解しにくい考え方なので、1つの設例を使って説明します。

**(設例)**
・1の目が出やすいサイコロを考えます。
・サイコロを600回振って、1の目が出る数を数えることにより、「正しい」サイコロか、「イカサマ」のサイコロかを判定します。
・600回中、何回1の目が出たら、このサイコロを「イカサマ」だと判定できるのでしょうか？

**(ヒント)**
・「正しい」サイコロであれば、600回中、100回程度1の目が出るものと予想されます。
・「イカサマ」のサイコロであれば、600回中、100回を大きく超えて、1の目が出るでしょう。
・たとえば、1の目が101回出たとしても、このサイコロを「イカサマ」のサイコロだと判定する人はほとんどいないでしょう。「正しい」サイコロを振って、1の目が101回出ることは十分ありうることです。

- 1の目が200回出たとします。今度はほとんどの人が、このサイコロを「イカサマ」のサイコロだと判定するでしょう。「正しい」サイコロを振って、200回も1の目が出ることは、通常、ありえないことです。

では、このサイコロが「正しい」サイコロか、「イカサマ」のサイコロか検定の考え方にしたがって判定してみましょう。
**(判定方法)**
- 仮に、このサイコロを「正しい」サイコロであるとします。このとき、1の目が出る確率は6分の1です。
- このサイコロを600回振ったとき、1の目が出る回数（K）ごとにその発生確率を求めます。
- 600回の試行で、K回、1の目が出る確率（f(k)）は、以下の「2項分布」で表されます。

$$f(k) = {}_{600}C_K \times (1/6)^K \times (5/6)^{600-K}$$

- Kはゼロから600の値をとりますが、すべての場合の発生確率を計算して表にしてみると、130回以上、1の目が出る確率は0.1%未満ときわめて低いことがわかります。
- 通常、ありえないレベルのことが起きたことになります。そこで、きわめてめずらしいことが起きたとは考えずに、はじめに「このサイコロを『正しい』サイコロである」とした仮説が誤っていたのだ、と結論づけます。
- したがって、1の目が130回以上出たとき、このサイコロを「イカサマ」のサイコロだと判定します。

以上が、「検定」の考え方に基づく、「イカサマ・サイコロ」の判定方法です。
　なお、初めに「このサイコロは『正しい』サイコロである」と仮定して、後でその仮説が「誤っていた」と結論づけました。最終的には「無に帰する」ことになります。このため、初めに立てた仮説のことを統計学では「帰無仮説」と呼びます。
　発生確率が「0.1％未満」になったとき、「通常、ありえないことが起きた」と考えました。この発生確率のことを「有意水準」と呼びます。「有意水準」は、もう少し高く、たとえば「5％未満」に設定することも可能です。

●サイコロを600回振って1の目が出る確率

| K回 | 確率 | 確率累計 | K回以上 |
| --- | --- | --- | --- |
| 50 | 0.00% | 100.00% | 50回以上 |
| 100 | 4.37% | 51.70% | 100回以上 |
| 110 | 2.34% | 14.92% | 110回以上 |
| 120 | 0.41% | 1.80% | 120回以上 |
| 130 | 0.03% | 0.09% | 130回以上 |
| 140 | 0.00% | 0.00% | 140回以上 |
| 150 | 0.00% | 0.00% | 150回以上 |
| 160 | 0.00% | 0.00% | 160回以上 |
| 170 | 0.00% | 0.00% | 170回以上 |
| 180 | 0.00% | 0.00% | 180回以上 |
| 190 | 0.00% | 0.00% | 190回以上 |
| 200 | 0.00% | 0.00% | 200回以上 |
| 300 | 0.00% | 0.00% | 300回以上 |
| 400 | 0.00% | 0.00% | 400回以上 |
| 500 | 0.00% | 0.00% | 500回以上 |
| 600 | 0.00% | 0.00% | 600回以上 |

（注）　碓井（2008a）より転載。

●検定の一般的手続

「検定」の一般的手続を書いておきます。

① 「帰無仮説」を立てます。
② 「帰無仮説」が「真」(true) であるという仮定のもとに「検定統計量」を決定します。ただし、「検定統計量」の確率分布はわかっているとします。
③ 試行や標本(サンプル)の抽出により「検定統計量」を計算します。
④ 「検定統計量」の実現値(計算値)が、どの程度の確率で起きうることかを確認します。
⑤ 「検定統計量」の実現値(計算値)が、十分に低い確率(「有意水準」以下)でしか起きえないとき、「帰無仮説」を棄却します。

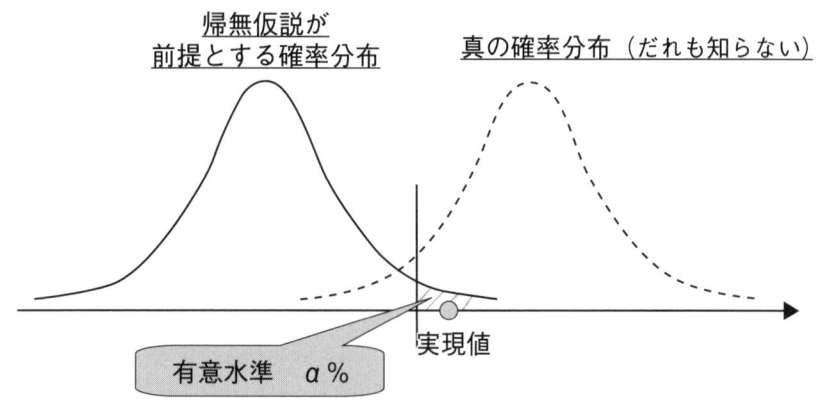

(注) P.G.ホーエル (1981)、長谷川 (2000) を参考に作成。

第4章で説明する「VaR のバックテスト」も、実は「検定」の考え方に基づいて行います。

● 2種類の過誤

「検定」には、2種類の過誤（エラー）が起きる可能性があるといわれます。

1つは、「第1種の過誤」と呼ばれるものです。本当は「帰無仮説」が正しいのに、「検定」の結果、「帰無仮説」が誤っていると結論づけてしまうことをいいます。

もう1つは「第2種の過誤」です。本当は「帰無仮説」が正しくないのに、「検定」の結果、帰無仮説が正しいと結論づけてしまうものです。

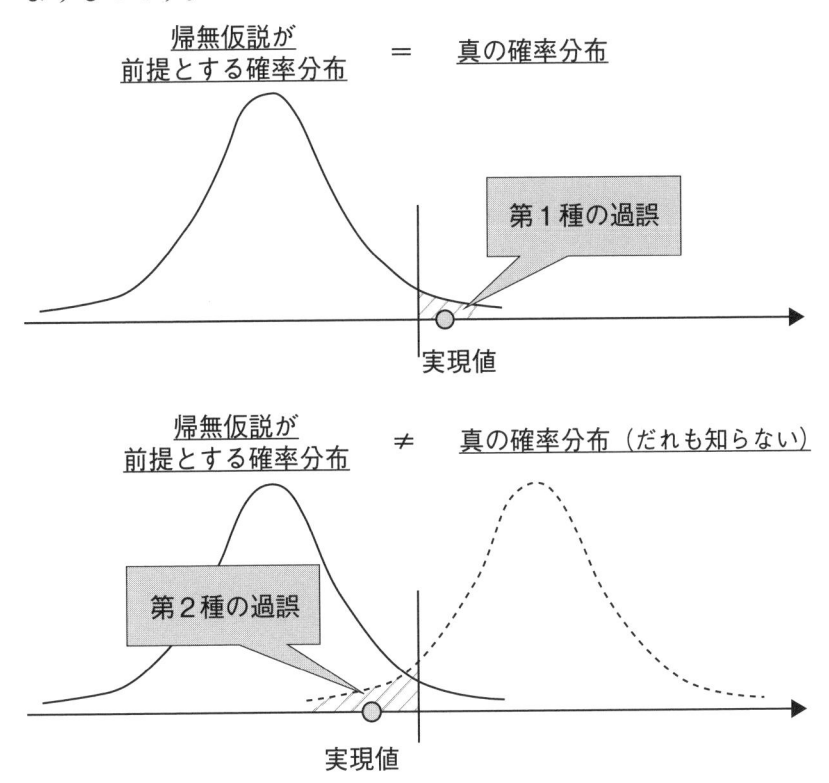

帰無仮説が前提とする確率分布 ＝ 真の確率分布

第1種の過誤

実現値

帰無仮説が前提とする確率分布 ≠ 真の確率分布（だれも知らない）

第2種の過誤

実現値

（注）碓井（2008a）より転載。P.G.ホーエル（1981）、長谷川（2000）を参考に作成。

# 第 3 章

## VaRの計測手法

　本章では、VaRの計測手法を解説します。

　VaRには、さまざまな計測手法がありますが、実際のVaR計測はコンピュータが行うため、その計測過程はブラックボックス化しがちです。

　VaRの計測と活用にあたっては、各計測手法の基本的な考え方や、その前提、制約などを正しく理解して、リスクプロファイルに応じた適切な計測手法を選択することが重要です。

　本章では、主にVaRの計測手法に関するテクニカルな事項を扱いますが、VaRをリスクマネジメントに活用するうえで必要不可欠な知識です。

# 1 VaRの定義

VaR（バリュー・アット・リスク）とは何か。はじめに定義を掲げておきます。

## VaRの定義

① 過去の一定期間（<u>観測期間</u>）の変動データに基づき
② 将来のある一定期間（<u>保有期間</u>）のうちに
③ ある一定の確率（<u>信頼水準</u>）の範囲内で
④ 被る可能性のある最大損失額を
⑤ 統計的手法により推定した値

（注） 碓井（2008a）より転載。

　上記の定義を初めて読んで、VaRとは何かがすぐに理解できた方は統計学の素養を身につけている方だと思います。
　実際、かっこ内のアンダーラインを付した「観測期間」「保有期間」「信頼水準」という3つの用語は—後でもう1度、説明しますが—いずれも統計学で使う専門用語です。VaRを理解するためには統計学の専門用語に慣れる必要があります。

以下ではVaRの計測手法を解説をしますが、はじめに、最も理解のしやすい「市場VaR」を例に取り上げます。

　「市場VaR」の計測手法としては、①分散共分散法（デルタ法）、②モンテカルロシミュレーション法、③ヒストリカル法の3通りに大別されます。

　また、「信用VaR」「オペリスクVaR」についても、簡単なモデルを使って、モンテカルロシミュレーション法による計測手法を説明します。

　VaRにはさまざまな計測手法があります。実際のVaR計測はコンピュータが行いますが、ブラックボックスが計測した値に基づいてリスクマネジメントを行うことはできません。各計測手法の基本的な考え方やその前提、制約などを正しく理解したうえで、リスクプロファイルに応じた適切な計測手法を選択して、リスクマネジメントに活用することが重要です。

　なお、本書では、VaRを「計測」すると記載していますが、厳密にいえば、VaRというのは統計的手法により「推定」された値です。

　したがって、本来はVaRを「推定」する、あるいは「推測」すると書くべきかもしれません。しかし、本書では、通例に従ってVaRを「計測」する、あるいは「算定する」と記載することにします。

# 2 市場 VaR の計測

## (1) 基本的な考え方

　特定の金融資産・負債をポートフォリオとしてもっているとき、金利、株価、為替などの市場変動に伴って、どれくらいの損失が生じる可能性があるのか。また、その損失はどれくらいの確率で生じる可能性があるのか。ポートフォリオ価値の変動を予測したいというニーズから、「市場 VaR」は生まれました。

　神様か、預言者でもない限り、将来のポートフォリオ価値の変動を「言い当てる」ことはできません。しかしながら、過去の変動実績を分析することによって、客観的にその傾向をとらえることはできます。

　「過去」の市場変動を振り返るとき、どれくらいの変動実績をみるのか、そのタイムスパンのことを「観測期間」といいます。また、「将来」を予測するとき、どれくらい先までを見通すのか、そのタイムスパンのことを「保有期間」といいます。なお、ポートフォリオ価値の変動をもたらす、金利、株価、為替などの市場変動のことを総称して「リスクファクター」と呼びます。

　統計理論の専門家は、金利、株価、為替などの変動実績をみて「これらのリスクファクターは何か特定の確率分布に従って変動している」と考えます。しかも、「これらのリスクファクターの

変動は、過去も現在も、そして将来も、互いに『独立』な『同一』の確率分布に従って起きる」と想定して分析をするのが一般的です。この想定を「i.i.d.」（＝independently and identically distributed）と呼ぶことは、第2章で説明しました

　もちろん、「i.i.d.」の想定を置かずに、リスクファクターの変動を予測するモデルを構築することも可能ですが、実務的には、モデルを複雑にするのを避けて「i.i.d.」の想定を置くケースが多いようです。

●リスクファクターの推移と確率分布

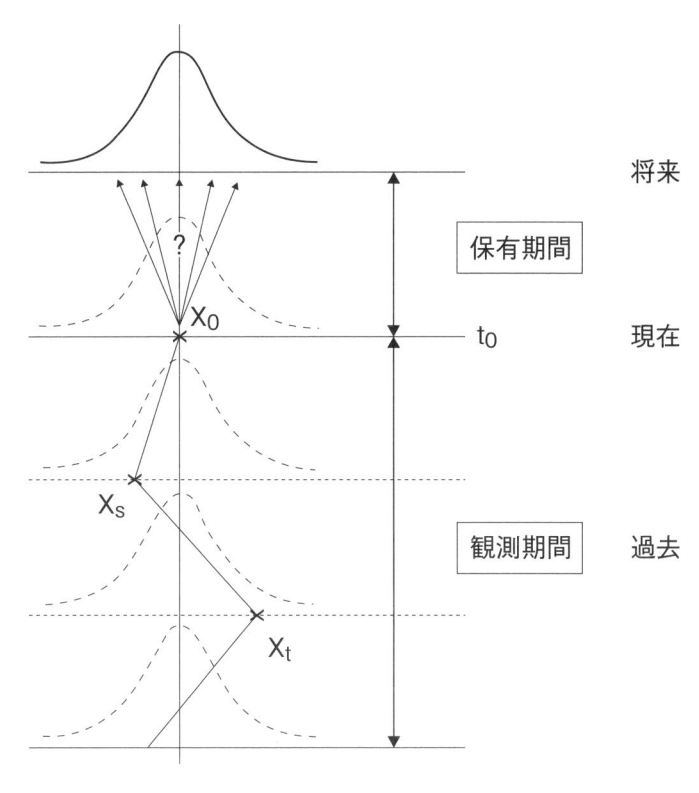

第3章 ◆ VaRの計測手法

では、リスクファクターの変動が各時点で互いに「独立」な確率分布に従って起きるというのはどういうことでしょうか。

　たとえば、2日間続けてリスクファクターの値が上昇したとして、3日目に上昇する確率が高くなるとか、反対に3日目に反落する確率が高くなることはない、ということです。日々、相場変動のチャートを描いて投資判断をしている方たちは「独立」の想定には違和感を覚えるかもしれません。金利、株価、為替などの動きにはクセがあって、それを見抜けば利益をあげることも可能だと考えている方たちも少なくありません。
　また、統計理論の専門家自身も、金利、株価、為替などの時系列データが「独立」な動きを示しているかを検証しています。しかし、ほとんどの実証研究が「厳密には独立な動きを示しているとはいえない」という結果に終わっています。

　では、リスクファクターの変動が各時点で「同一」の確率分布に従って起きる、というのはどういうことでしょうか。

　一言でいうならば、将来を予測する際に「過去は繰り返す」と考えるということです。
　しかし、「過去は繰り返す」と単純に考えて予測したとしても、それが「的中する」とは限らないことはいうまでもないことです。「過去は繰り返す」という想定を置くのは、多くの人に受け入れられやすい「客観的な予測値」になるからにすぎません。

リスクファクターの変動に応じて、ポートフォリオ価値も変動します。数学的にいえば、ポートフォリオ価値は、リスクファクターと「関数」関係にあるといえます。

●リスクファクターとポートフォリオ価値の関係

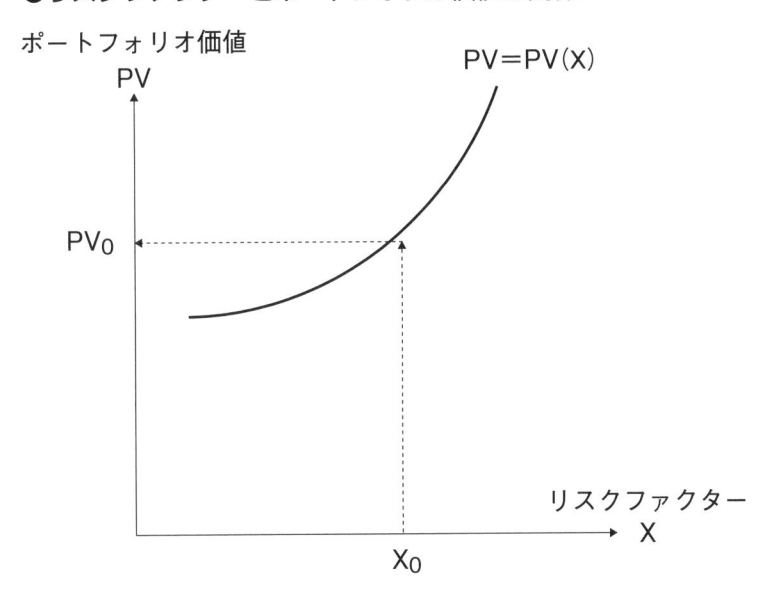

ポートフォリオ価値
PV

$PV = PV(X)$

$PV_0$

リスクファクター
X

$X_0$

　したがって、リスクファクター（X）の変動についてどの程度の確率で起きるのかを予測することができれば、ポートフォリオ価値（PV）の変動についてもどの程度の確率で起きるのか予測することができます。

●リスクファクターの変動とポートフォリオ価値の変動

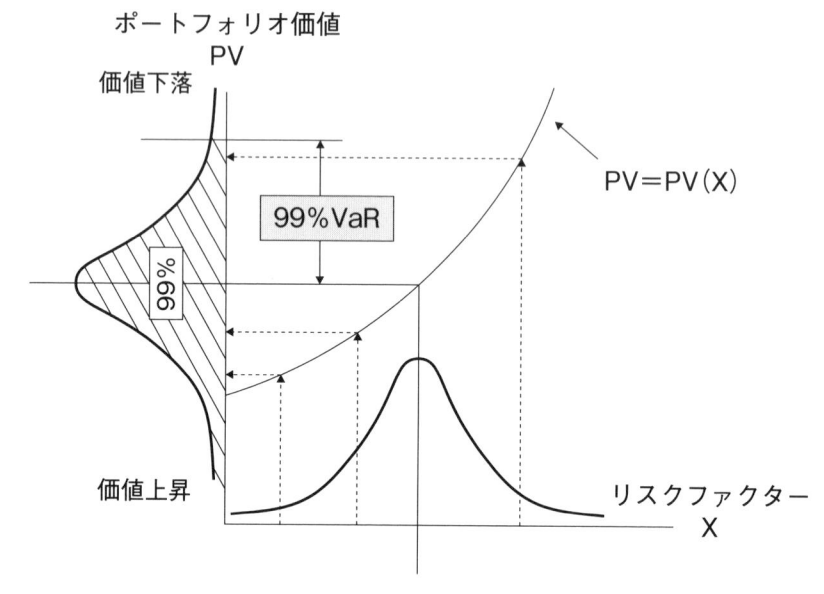

```
                ポートフォリオ価値
                     PV
        価値下落
                          ┊           ↗
                          ┊          ╱   PV＝PV(X)
                     ┌─────────┐
                     │ 99%VaR  │
                     └─────────┘
                     ┊
                 99%
        ━━━━━━━━━━━━━━━━━━━━━━━━━━━━━━━
                          ┊
                          ┊
        価値上昇         ╱   ╲        リスクファクター
                                          X
```

（注）　山下（2000）を参考にして作成。


　上図をみてください。リスクファクター（X）の変動に伴ってポートフォリオ価値（PV）は変動します。リスクファクター（X）の確率分布がわかれば、ポートフォリオ価値（PV）の確率分布も求めることができます。

　ポートフォリオ価値（PV）が下落して損失が発生するとき、99％の確率で、損失額がその範囲内に収まる最大値を求めれば、それが「99％VaR」となります。

　なお、「99％」の確率のことを、統計用語では「信頼水準」と呼びます。

　このように、VaRを計測するためには、リスクファクターの

確率分布を知る必要があります。しかし、この確率分布は「神のみぞ知る」分布であり、だれにもわかりません。では、どうしたらよいのでしょうか。以下ではさまざまな VaR 計測手法を紹介しますが、この点も含めて説明していきます。

## (2) 分散共分散法（デルタ法）

### a. 前提となる2つの仮定

分散共分散法では、まず、リスクファクター（X）は、各時点において、互いに独立な、同一の「正規分布」に従って変動すると想定します。

なぜ、リスクファクター（X）の確率分布として「正規分布」を仮定するのでしょうか。真の確率分布がどのようなものかわからない以上、「当たらずといえども遠からず」の分布を想定してモデルをつくるほかない、と考えるからです。そのモデルが使い物になるかどうかは後で検証しよう、というのが統計理論の基本的な考え方です。

リスクファクター（X）としては、金利、株価、為替などの「変化率」を採用するのが一般的です。市場が完全で定常状態にあるとすれば「変化率の平均値」はゼロと考えられます。リスクファクター（X）として「変化率」を採用したとき、正規分布の形状を特定するためにはリスクファクター（X）の過去の観測データから「標準偏差」を求めるだけでよいことになります。

**仮定①**

リスクファクターは、各時点において互いに独立な、同一の正規分布に従って変動する。

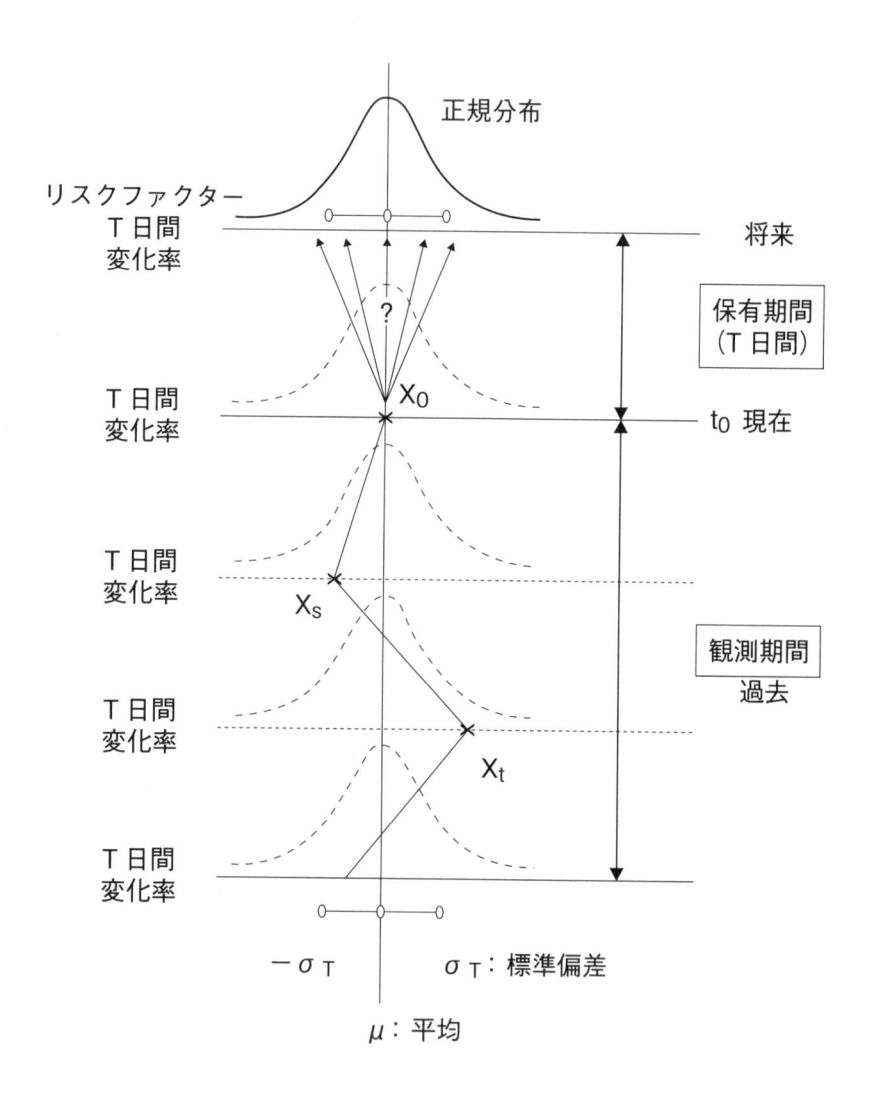

分散共分散法では、もう1つ重要な仮定があります。それは、「デルタ一定」の仮定です。分散共分散法が、別名「デルタ法」と呼ばれるのもこのためです。

　「デルタ」というのは、リスクファクター（X）の変動に対するポートフォリオ価値（PV）の変動額のことで「感応度」とも呼ばれます。

　分散共分散法では、「デルタ」（感応度）が常に一定である、という想定を置いています。これを数式で書くと、以下のとおり、ポートフォリオ価値（PV）がリスクファクター（X）の1次関数として表されることになります。

　　PV＝Δ×X＋定数項

　もっとわかりやすくいえば、リスクファクター（X）を横軸にとり、ポートフォリオ価値（PV）を縦軸にとって、その関係をグラフ化すると直線で表される、ということです。このとき、リスクファクター（X）とポートフォリオ価値（PV）の関係を表す直線の傾きが「デルタ」になります。

　なお、ポートフォリオ価値（PV）とリスクファクター（X）の関係が「直線」で表されますので、両者は「線形」（linear）関係にあるということもあります。

## 仮定②

リスクファクターに対するポートフォリオ価値の感応度（デルタ）は常に一定である。

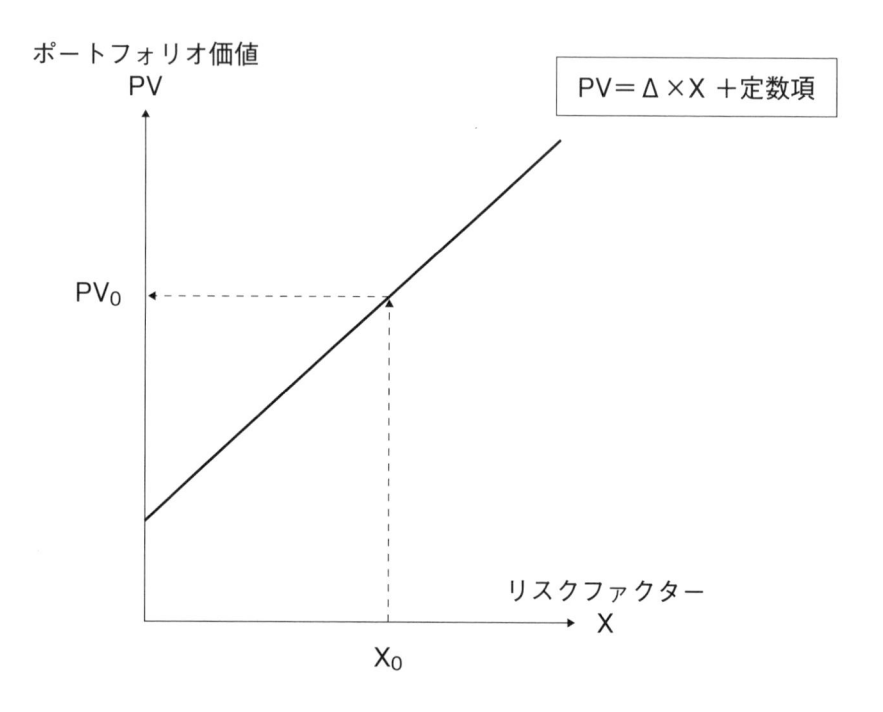

```
ポートフォリオ価値
      PV                          PV＝Δ×X ＋定数項

     PV₀ ┆ - - - - - - - ・
          ┆              ┆
          ┆              ┆
                         ┆              リスクファクター
                         X₀                     X
```

分散共分散法では、上記2つの仮定が、本質的な意味できわめて重要な前提になります。この2つの仮定によって、VaR計測式を簡単に導くことができるようになるからです。

しかし、このことは同時に、上記2つの仮定が（近似的にせよ）成立するとは考えられないとき、分散共分散法を適用することには問題があるということも意味しています。

実は「分散共分散法」とはいっても、金利、株価、為替などのリスクファクターの観測データの取得方法によって2通りの手法があります。1つは「ムービング・ウィンドウ法」と呼ばれる手法であり、もう1つは「ルートT倍法」と呼ばれる手法です。

### b. VaR計測式（ムービング・ウィンドウ法）

「ムービング・ウィンドウ法」では、保有期間T日間のVaRを計測するとき、金利、株価、為替などリスクファクターの「T日間変化率」を観測データとして取得します。

●金利、株価、為替などの「T日間変化率」

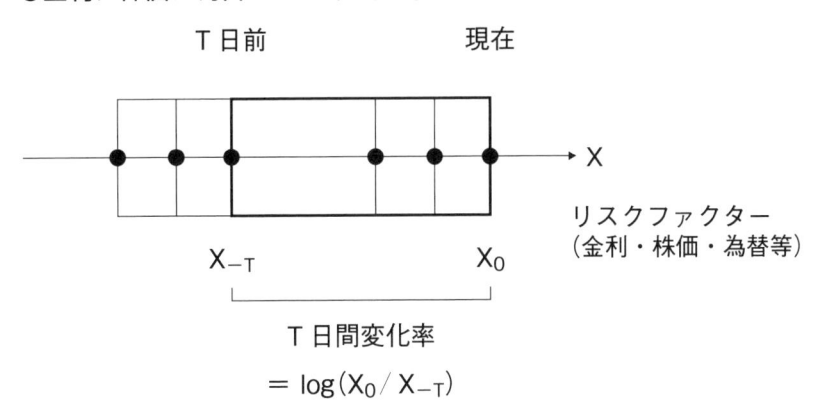

T日前　　　　　現在

$X_{-T}$　　　　　$X_0$

T日間変化率
$= \log(X_0 / X_{-T})$

リスクファクター
（金利・株価・為替等）

リスクファクターの「T日間変化率」を次々に計算していくときの様子が、まるで「窓枠」が動いていくようにみえることから「ムービング・ウィンドウ法」と呼ばれています。

「ムービング・ウィンドウ法」では、金利、株価、為替などリスクファクターの「T日間変化率」に関して、平均ゼロ、標準偏

差 $\sigma_T$ の正規分布に従って変動すると仮定します。

また、金利、株価、為替などリスクファクターの変化に対するポートフォリオ価値の変化額（デルタ）は $\Delta$ で一定であると仮定します。

このように仮定すると、VaR 計測式（信頼水準99%）は、以下の手順で簡単に導出することができます。

(i) 金利、株価、為替などリスクファクターの「T 日間変化率」の観測データから標準偏差（$\sigma_T$）を計算します。

このとき、標準偏差（$\sigma_T$）は推測統計の定義に従って計算します。

(ii) 信頼係数（2.33）×標準偏差（$\sigma_T$）を計算します。

金利、株価、為替などリスクファクターの「T 日間変化率」が正規分布に従って変動するとき、これが99%の確率で起きうる最大の「T 日間変化率」（99%点）となります。

(iii) デルタ（$\Delta$）×信頼係数（2.33）×標準偏差（$\sigma_T$）を計算します。

99%の確率で起きうる最大の「T 日間変化率」（99%点）にデルタ（$\Delta$）を乗じた値は、99%の確率で起きうるポートフォリオの最大損失額、すなわち99%VaRとなります。

これは、リスクファクター（X）が平均ゼロ、標準偏差（$\sigma_T$）の正規分布に従うとき、ポートフォリオ価値（PV＝Δ×X）は平均ゼロ、標準偏差Δ×$\sigma_T$の正規分布に従うからです。ポートフォリオ価値（PV）の99％点、すなわち99％VaRは2.33×Δ×$\sigma_T$で表されます。掛け算の順番を入れ替えるとΔ×2.33×$\sigma_T$となります。

● VaRの導出：分散共分散法

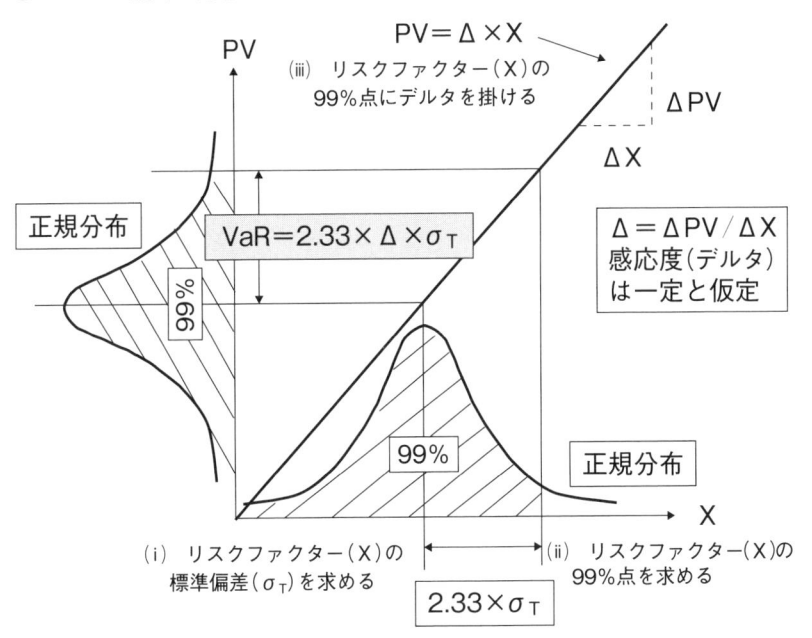

図中：
- PV＝Δ×X
- （iii）リスクファクター（X）の99％点にデルタを掛ける
- ΔPV
- ΔX
- Δ＝ΔPV／ΔX　感応度（デルタ）は一定と仮定
- 正規分布
- VaR＝2.33×Δ×$\sigma_T$
- 99％
- 99％
- 正規分布
- （i）リスクファクター（X）の標準偏差（$\sigma_T$）を求める
- （ii）リスクファクター（X）の99％点を求める
- 2.33×$\sigma_T$

（注）山下（2000）、碓井（2008a）を参考にして作成。

● VaR計測式（ムービング・ウィンドウ法）

VaRの計測式＝Δ×信頼係数×$\sigma_T$
$\sigma_T$：リスクファクター（T日間変化率）の標準偏差

## c. VaR 計測式（ルート T 倍法）

　保有期間 T 日間の VaR を計測するとき、「ムービング・ウィンドウ法」では、リスクファクターの「T 日間変化率」を観測データとして取得する必要がありました。

　しかし、観測データとしては「日次変化率」のほうが得やすいことがあります。リスクファクターの「日次変化率」を観測データとして、保有期間 T 日間の VaR を計測するときに用いられる手法が「ルート T 倍法」です。

　①「日次変化率」としては対数変化率を採用すること、②「日次変化率」が互いに独立で同一の確率分布に従って変動すること（「i.i.d.」の想定）、この 2 点が満たされるとき、「T 日間変化率」の標準偏差（$\sigma_T$）は「日次変化率」の標準偏差（$\sigma$）をルート T 倍して求めることができます（第 2 章 3(5)参照）。これを「ルート T 倍ルール」あるいは「保有期間調整」といいます。

●ルート T 倍ルール（保有期間調整）

> $\sigma_T = \sqrt{T} \times \sigma$
> 　$\sigma_T$：T 日間変化率の標準偏差
> 　$\sigma$：日次変化率の標準偏差

　「ルート T 倍ルール」（保有期間調整）を使うと、VaR 計測式は以下のとおりとなります。

● VaR計測式（ルートT倍法）

VaRの計測式＝Δ×信頼係数×$\sqrt{T}$×σ
σ：リスクファクター（日次変化率）の標準偏差

正規分布
$\sqrt{T}\times\sigma$　$-\sqrt{T}\times\sigma$

T日間変化率　　　　　　　　　　　　　　　将来

保有期間
（T日間）

日次変化率　　　　　　　　　　　　　　　$t_0$ 現在

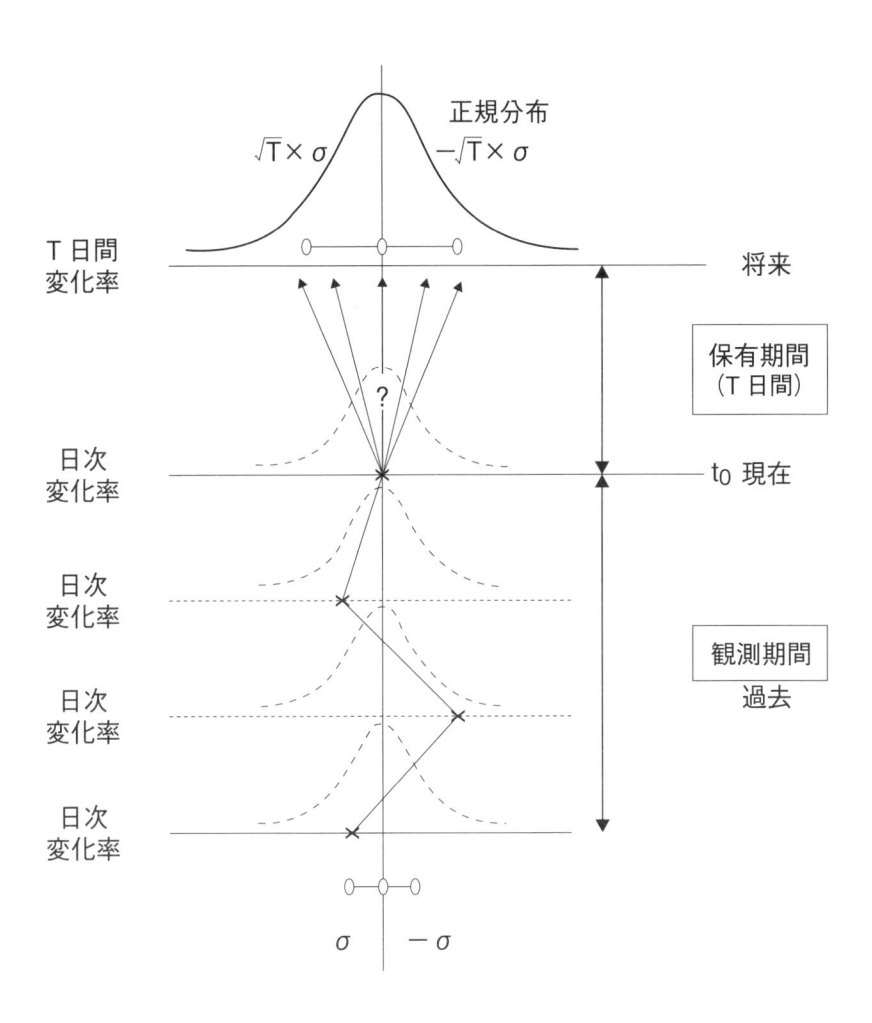

日次変化率

観測期間
過去

日次変化率

日次変化率

σ　−σ

第3章 ◆ VaRの計測手法

● VaR 計測事例（ムービング・ウィンドウ法）

| 投信残高 | 100億円 |
|---|---|
| 投信種類 | 株価指数に50％連動 |
| リスクファクター | 株価指数の10日間変化率 |

| 観測期間 | 250日 |
|---|---|
| 保有期間 | 10日 |
| 信頼水準 | 99％ |

| VaR |
|---|
| 4.51億円 |

| デルタ（Δ） | | 信頼水準 | | 標準偏差（$\sigma_T$） |
|---|---|---|---|---|
| 100×0.5億円 | × | 2.33 | × | 3.87％ |

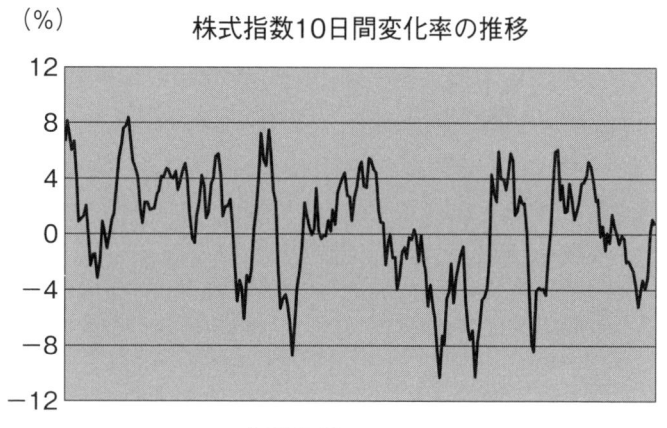

株式指数10日間変化率の推移

標準偏差 $\sigma_T$＝3.87％

● VaR計測事例(ルートT倍法)

| 投信残高 | 100億円 |
|---|---|
| 投信種類 | 株価指数に50%連動 |
| リスクファクター | 株価指数の日次変化率 |

| 観測期間 | 250日 |
|---|---|
| 保有期間 | 10日 |
| 信頼水準 | 99% |

| VaR |
|---|
| 4.57億円 |

| デルタ(Δ) | | 信頼水準 | | 標準偏差($\sigma_T$) |
|---|---|---|---|---|
| $100 \times 0.5$億円 | × | 2.33 | × | $\sqrt{10} \times 1.24\%$ |

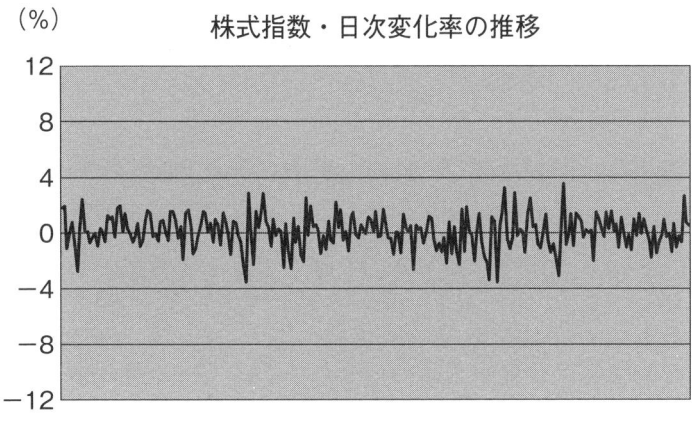

(%)

株式指数・日次変化率の推移

標準偏差 $\sigma = 1.24\%$

第3章 ◆ VaRの計測手法

### d. ムービング・ウィンドウ法 vs ルートT倍法

　分散共分散法では、観測データの変動がすべての時点で「独立」であることが前提となります。

　しかし、リスクファクターの「T日間変化率」の推移をみると、自己相関が観察されるのが一般的です。したがって、「ムービング・ウィンドウ法」では、その前提が満たされないことになります。このため、VaRを計測する際、「ムービング・ウィンドウ法」は積極的には採用しない、という考え方をする理論家もいます。

　では、「ルートT倍法」のほうが優れているのでしょうか。たしかにリスクファクターの観測データに関して、「日次変化率」の推移をみると、外見上、自己相関はほとんど気にならないほど小さくなります。

　しかし、「日次変化率」の時系列データに関しても、厳密な意味で「独立」であるとは確認できないこともわかっています。したがって、現実には「ルートT倍ルール」は近似的に成立するにすぎません。保有期間（T日間）が長くなるほど、その近似精度が落ちることは否めません。「ルートT倍法」の適用は保有期間が短いケースに限定すべきという考え方をする理論家もいます。

　実務的な観点からいえば、いずれの手法も、一長一短です。いずれの手法を採用する場合でも、後述する「バックテスト」をクリアーすることが重要です。

●株価10日間変化率の散布図（横軸：当期、縦軸：1期前）

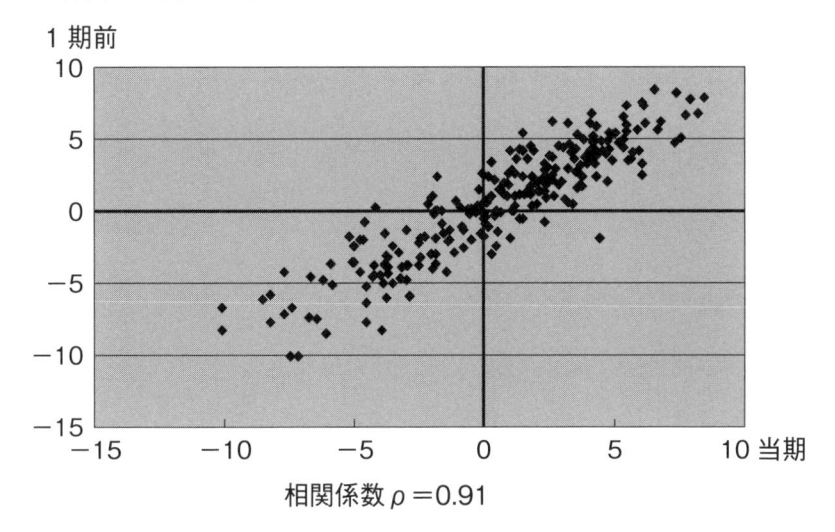

相関係数 $\rho = 0.91$

●株価日次変化率の散布図（横軸：当期、縦軸：1期前）

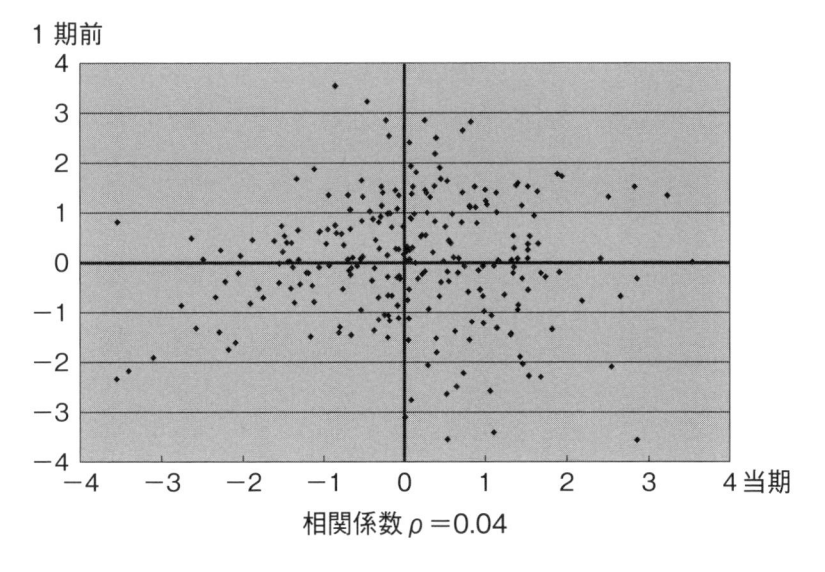

相関係数 $\rho = 0.04$

### e. 近似的な適用

　分散共分散法の VaR 計測式を導くためには「2つの仮定」が重要な役割を果たしていると指摘しましたが、この「2つの仮定」は、多くの場合、実際には成立していません。

　まず、金利、株価、為替などリスクファクターの変化率の実際の動きを観察すると、「正規分布の仮定」が必ずしも満たされません。
　多くの実証研究によると、「正規分布」が想定する理論値よりも、実際に相場が大幅に下落（上昇）する実頻度のほうが大きいという結果が得られています。すなわち、リスクファクターの変動に係る実分布の「すそ野」部分が「正規分布」よりも厚くなるわけです。このことを、英語では「ファット・テール」（尻尾が太っている）といいます。

　また、もう1つの「デルタ一定の仮定」についても満たされないことが少なくありません。たとえば、債券価格（PV）と金利（X）の関係がその典型ですが、右下図に示したように、金利水準によって債券価格の変動額（デルタ）の値は変化します。

　それでは、分散共分散法で計測された VaR はまったく意味がないのかというと、そうでもありません。分散共分散法で計測された VaR は「近似値」であると考えて、リスクマネジメントに活用可能かどうかを検討することになります。

●リスクファクターの変動：ファット・テールなケース

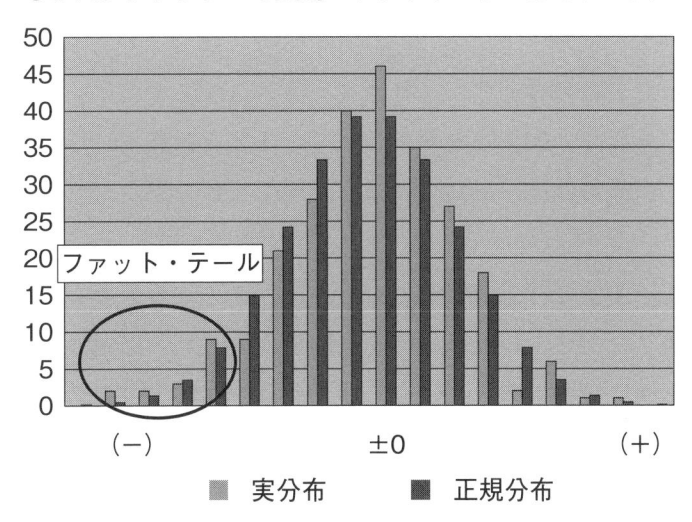

ファット・テール

（−）　　　　　　　±0　　　　　　　（＋）

　　　■ 実分布　　　■ 正規分布

●ポートフォリオ価値とリスクファクターの関係
　：デルタ一定が満たされないケース

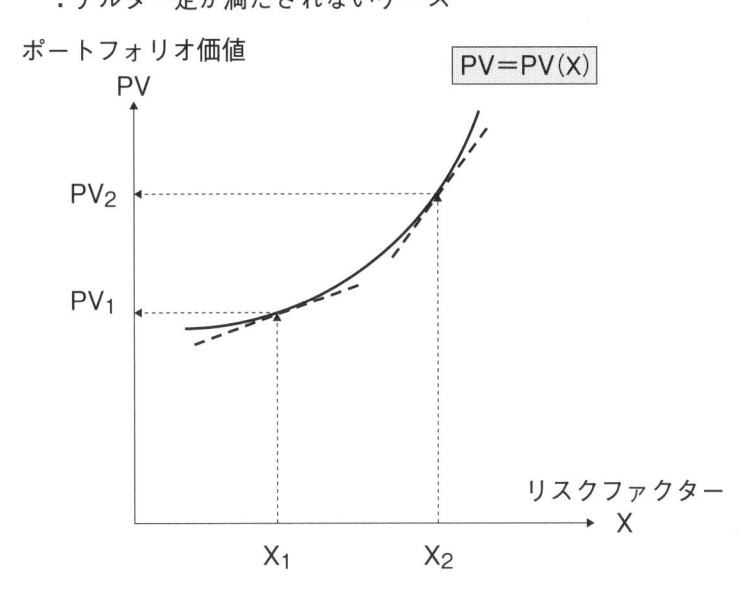

ポートフォリオ価値
　　PV

$PV = PV(X)$

$PV_2$

$PV_1$

　　　　　　　　　　　　　　　リスクファクター
　　　　　　　　　　　　　　　　　X

　　　$X_1$　　$X_2$

第3章 ◆ VaR の計測手法

## f．相関の考慮

理解のしやすさを考えて、これまで、リスクファクターが1つのケースで分散共分散法の説明を行ってきました。最後にリスクファクターが複数のケースについても説明したいと思います。

たとえば、国債と株式投信からなるポートフォリオがあるとします。リスクファクターは「国債価格の変化率」と「株価の変化率」です。国債価格の変化と株価の変化には、通常、負の相関が認められます。国債価格が上昇すると株価は下落し、国債価格が下落すると、株価は上昇します。

●国債価格変化率と株価変化率

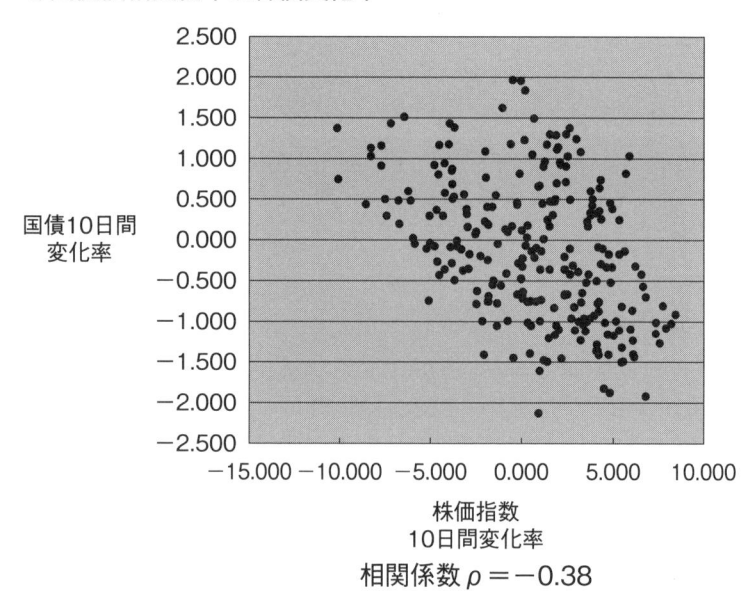

相関係数 $\rho = -0.38$

ポートフォリオ全体の価値をみると、国債価格の変化と株価の変化がお互いの影響を相殺し合う形になります。したがって、ポートフォリオ全体のVaRについても、国債VaRと株式VaRの単純合算よりも小さくなります。

これを「ポートフォリオ効果」といいます。この「ポートフォリオ効果」は、2つのリスクファクターの「相関係数」の値によって変化します。

●VaR計測事例（リスクファクターが2つのケース）

| 投信残高 | 100億円 |
|---|---|
| 投信種類 | 株価指数に50%連動 |
| リスクファクター | 株価指数の10日間変化率 |

| 国債残高 | 100億円 |
|---|---|
| リスクファクター | 国債価格の10日間変化率 |

| 観測期間 | 250日 |
|---|---|
| 保有期間 | 10日 |
| 信頼水準 | 99% |

| 国債VaR | 株式VaR | 単純合算 |
|---|---|---|
| 1.99億円 | 4.50億円 | 6.49億円 |

＞

| 相関考慮後 |
|---|
| 4.08億円 |

第3章 ◆ VaRの計測手法

相関考慮後の統合VaRの計算方法を説明すると、まず、単独VaRを横に並べて（行ベクトル）、次に縦に並べて（列ベクトル）、その間に「相関係数」を構成要素とする行列（相関行列）をはさみ、これら3つの行列式の掛け算を行います。この平方根（ルート）をとると相関考慮後のVaRになります。

　相関考慮後の統合VaRには別の計算方法もあります。まず、デルタを横に並べて（行ベクトル）、次に縦に並べて（列ベクトル）、その間に「分散共分散」を構成要素とする行列（分散共分散行列）をはさみ、これら3つの行列式の掛け算を行います。この平方根（ルート）をとるとポートフォリオ価値の変動の標準偏差となることが知られています。これに信頼係数（2.33）を掛ければ相関考慮後のVaR（信頼水準99％）になります。

　どちらの計算式でVaRを求めても、その値は同じになります。統合VaRの2つの計算式は、式を変形、展開してお互いを導くことができることがわかっています。

　リスクファクターが複数の場合、リスクファクター間の「分散共分散」や、それらから計算される「相関係数」を使ってVaRを計測します。「分散共分散法」という名前もこのことに由来しています。

## ●単独VaR計測式

| 国債VaR | = | デルタ（Δ） | × | 信頼水準 | × | 標準偏差（$\sigma_T$） |
|---|---|---|---|---|---|---|
| 1.99億円 | | 100億円 | | 2.33 | | 0.85% |

| 株式VaR | = | デルタ（Δ） | × | 信頼水準 | × | 標準偏差（$\sigma_T$） |
|---|---|---|---|---|---|---|
| 4.50億円 | | 100×0.5億円 | | 2.33 | | 3.87% |

## ●相関考慮後、統合VaR計測式

| 単独VaR | | 相関行列 | | 単独VaR |
|---|---|---|---|---|
| 1.99億円 | 4.50億円 | 1.00 | −0.42 | 1.99億円 |
| | | −0.42 | 1.00 | 4.50億円 |

| 統合$VaR^2$ | 16.63億（円$^2$） |
|---|---|
| 統合VaR | 4.08億円 |

| デルタ | | 分散共分散行列 | | デルタ |
|---|---|---|---|---|
| 100億円 | 50億円 | 14.97 | −1.40 | 100億円 |
| | | −1.40 | 0.73 | 50億円 |

| ポートフォリオ価値変動の分散 | 3.07億（円$^2$） |
|---|---|
| ポートフォリオ価値変動の標準偏差 | 1.75億円 |
| ×信頼係数 | 2.33 |
| 統合VaR | 4.08億円 |

分散共分散法による、より一般的な VaR 計測式を以下に記載します。

● 分散共分散法：VaR 計測式

① リスクファクターが 1 個の場合
　VaR＝信頼係数×ポートフォリオの現在価値の標準偏差 $\sigma_{pv}$

　　　＝信頼係数×Δ×リスクファクター X の標準偏差 $\sigma_X$

② リスクファクターが N 個の場合
　VaR＝信頼係数×ポートフォリオの現在価値の標準偏差 $\sigma_{pv}$

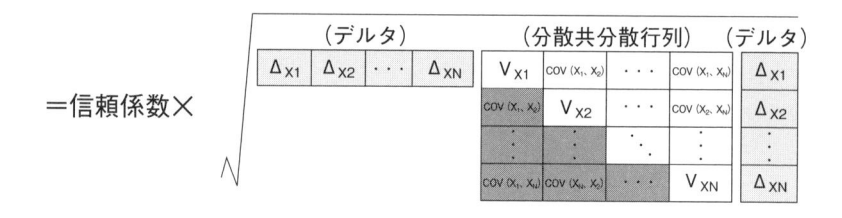

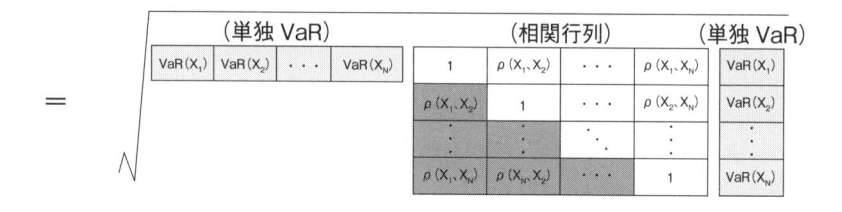

$$=信頼係数 \times \sqrt{\begin{pmatrix} \Delta_{X1} & \Delta_{X2} & \cdots & \Delta_{XN} \end{pmatrix} \begin{pmatrix} V_{X1} & \mathrm{COV}(X_1,X_2) & \cdots & \mathrm{COV}(X_1,X_N) \\ \mathrm{COV}(X_1,X_2) & V_{X2} & \cdots & \mathrm{COV}(X_2,X_N) \\ \vdots & \vdots & \ddots & \vdots \\ \mathrm{COV}(X_1,X_N) & \mathrm{COV}(X_N,X_2) & \cdots & V_{XN} \end{pmatrix} \begin{pmatrix} \Delta_{X1} \\ \Delta_{X2} \\ \vdots \\ \Delta_{XN} \end{pmatrix}}$$

（デルタ）　　　　　　（分散共分散行列）　　　　　（デルタ）

$$= \sqrt{\begin{pmatrix} \mathrm{VaR}(X_1) & \mathrm{VaR}(X_2) & \cdots & \mathrm{VaR}(X_N) \end{pmatrix} \begin{pmatrix} 1 & \rho(X_1,X_2) & \cdots & \rho(X_1,X_N) \\ \rho(X_1,X_2) & 1 & \cdots & \rho(X_2,X_N) \\ \vdots & \vdots & \ddots & \vdots \\ \rho(X_1,X_N) & \rho(X_N,X_2) & \cdots & 1 \end{pmatrix} \begin{pmatrix} \mathrm{VaR}(X_1) \\ \mathrm{VaR}(X_2) \\ \vdots \\ \mathrm{VaR}(X_N) \end{pmatrix}}$$

（単独 VaR）　　　　　　（相関行列）　　　　　（単独 VaR）

「分散共分散行列」や「相関行列」は VaR の計測値に大きな影響を与えます。これらを分析することがリスク管理を行ううえできわめて重要です。

実際、リスクファクター間の「相関」関係をみながら運用方針を決め、ポートフォリオを構築するのが一般的です。
　あるリスクファクターが悪化したとしても分散投資を図ることによって、ポートフォリオ全体の価値を安定させることが可能となります。また、レバレッジを利かせることによって、ハイリスク・ハイリターンをねらうことも可能になります。
　ポートフォリオの運用やリスク管理を行うにあたり、「分散共分散行列」や「相関行列」の構造を分析することが、いまや必要不可欠となっているといっても過言ではありません。

　また、「分散共分散行列」や「相関行列」の構造は、必ずしも安定しているとは限りません。たとえば、平常時には、株価と国債価格には「負の相関」が観察されますが、市場環境の急変時には、両者が「正の相関」をもって、同時に相場の急落をみることもあります。
　その意味では、「分散共分散行列」や「相関行列」の構造に変化がないか、常にフォローする必要もあります。

　リスクファクターの数が多くなると、「相関行列」「分散共分散行列」は巨大になります。たとえば、金利といっても、期間、通貨ごとに異なるリスクファクターとなります。また、株価といってもさまざまな指標がありえます。リスクファクターの数が多いときは、代表的なリスクファクターをいくつか定めて、それらの「相関係数」「分散共分散」の変化をフォローするのがよいといわれています。

## (3) モンテカルロシミュレーション法

　分散共分散法では、2つのことを仮定していました。1つは「正規分布の仮定」、もう1つは「デルタ一定の仮定」です。この2つの仮定を緩めると解析的にVaRを算定するのがむずかしくなります。しかし、モンテカルロシミュレーション法を使えばVaRを計測することが可能です。

　モンテカルロシミュレーション法では、リスクファクターの確率分布に関してはどんなものを仮定してもかまいません。ただ、過去の観測データから確率分布の特性を表すパラメータ（平均、分散等）を求めて確率分布の形状を特定します。

　確率分布を特定したら、(i)コンピュータを使って、その確率分布に従って乱数を発生させ、リスクファクターの予想値を次々につくります。たとえば、1万個のリスクファクターの予想値をつくります。

　そして、右図の点線の矢印が示すように、(ii)リスクファクターの予想値に基づいて、コンピュータにポートフォリオ価値を計算させます。モンテカルロシミュレーション法では、両者の関係がどんなに複雑であっても、コンピュータがポートフォリオ価値を計算できるのであれば何の問題もありません。

　このようにして、たとえば1万個のポートフォリオ価値の予想値を計算して、右図の縦軸・棒グラフに示すようなヒストグラム（度数分布図）をつくります。そして、(iii)ヒストグラムの99%点をとれば、99%VaRを求めることができるわけです。

なお、モンテカルロシミュレーション法というのは、VaRの計測に限らず、解析的に答えを出すのがむずかしいとき、コンピュータの力を借りて繰り返し乱数を発生させ、近似的に答えを導く手法の総称です。ちなみに、モンテカルロというのは、モナコのカジノがある地区の名前です。モナコでカジノでも楽しむようにシミュレーションを行うという意味です。

●VaRの導出：モンテカルロシミュレーション法

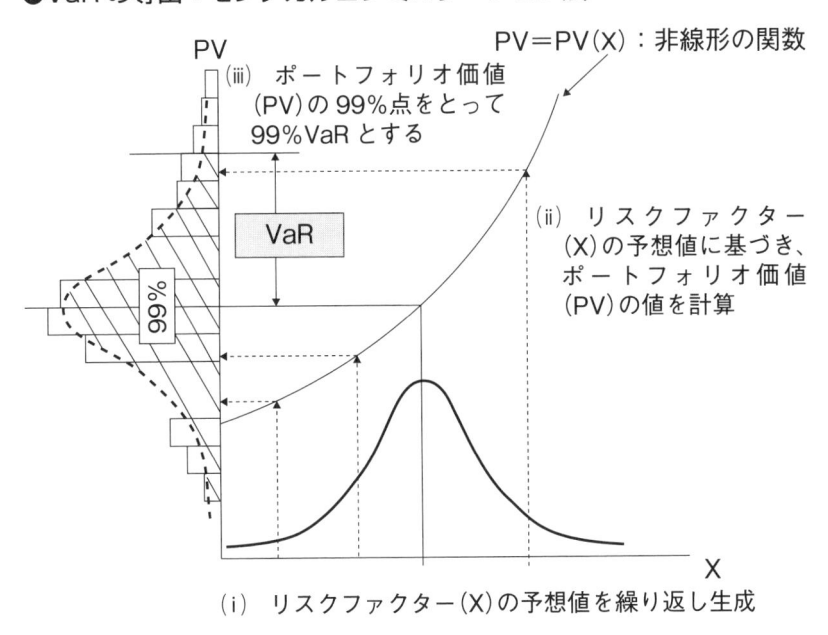

PV＝PV(X)：非線形の関数

(ⅲ) ポートフォリオ価値(PV)の99％点をとって99％VaRとする

VaR

99％

(ⅱ) リスクファクター(X)の予想値に基づき、ポートフォリオ価値(PV)の値を計算

(ⅰ) リスクファクター(X)の予想値を繰り返し生成

（注）　山下（2000）、碓井（2008a）を参考にして作成。

第3章 ◆ VaRの計測手法

モンテカルロシミュレーション法では、シミュレーションを行うつど、VaRの計測値は変動します。繰り返しシミュレーションを行ってVaRの計測値を収束させる必要があります。大量のデータ処理を伴うため、その収束に時間がかかるのが難点です。

モンテカルロシミュレーション法で「市場VaR」を計測するとき、リスクファクターの確率分布として「正規分布」以外の分布を想定するケースは、実務的にはあまり多くみられません。
リスクファクターの「ファット・テール」性が顕著に観察されるようになったときは、実務的には、リスクファクターの過去の「実分布」を想定してVaRを計測するヒストリカル法（後述）への移行を検討することが多いようです。

モンテカルロシミュレーション法では、「デルタ一定の仮定」が満たされないポートフォリオに関しても、精度の高いVaRを計測することができます。このため、たとえば、オプション性の強い仕組商品のVaRを計測するときに採用されることがあります。
オプション性が強い仕組商品は複雑なリスクプロファイルをもちます。実際に、ポートフォリオ価値とリスクファクターの関係をグラフに描いたとき、右図で示したように、不連続であったり、折れ曲がっていたりすることもあります。

このようなケースでは、リスクファクターを微小に変化させ、ポートフォリオ価値の変動を計算することにより、感応度（デルタ）を近似的に求めても、その値は不安定なものになりがちです。感応度（デルタ）の近似計算方法によりますが、分散共分散法で機械的にVaRを計測すると、リスクファクターがごくわずか変化しただけでVaRも大幅に変動するなど、十分な近似精度が得られなくなることがあります。

　オプション性の高い仕組商品について、VaRを計測するにはモンテカルロシミュレーション法が望ましいと考えられます。

●ポートフォリオ価値とリスクファクターの関係
：「デルタ一定」が近似的にも成立しないケース

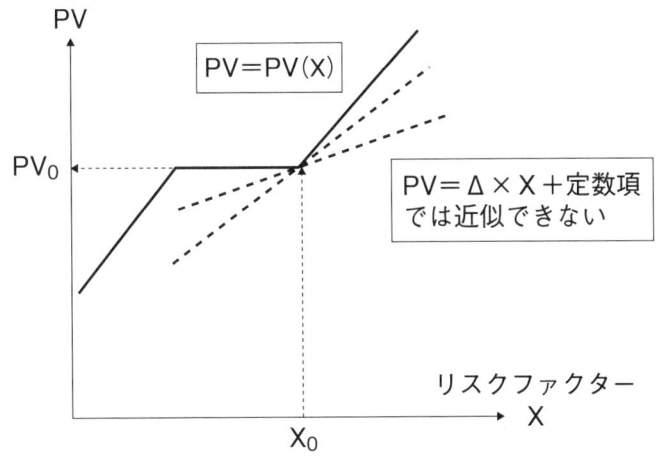

ポートフォリオ価値
PV

$PV = PV(X)$

$PV_0$

$PV = \Delta \times X + $ 定数項
では近似できない

リスクファクター
X

$X_0$

●VaR計測事例(モンテカルロシミュレーション法)

| | |
|---|---|
| 投信残高 | 100億円 |
| 投信種類 | 株価指数に50%連動 |
| リスクファクター | 株価指数の10日間変化率 |

| | |
|---|---|
| 観測期間 | 250日 |
| 保有期間 | 10日 |
| 信頼水準 | 99% |

株価指数10日間変化率の確率分布

| | |
|---|---|
| 確率分布 | 正規分布 |
| 平均 | 0.00% |
| 標準偏差 | 3.87% |

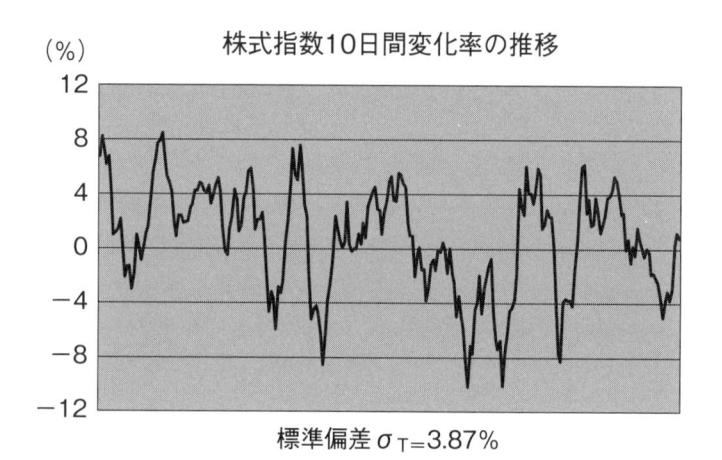

株式指数10日間変化率の推移

標準偏差 $\sigma_T = 3.87\%$

> 株価指数の10日間変化率を正規乱数（平均0、標準偏差3.87）で発生させて、投信価額の10日間予想増減額を計算。
> 上記の計算を1万回繰り返して、損失額を小さい順に並べ99%点をとって99%VaRとする。

| No. | 株価指数<br>10日間変化率<br>（正規乱数） | | 投信価額<br>10日間増減額<br>（予測値） |
|---|---|---|---|
| 1 | ▲1.24% | ×100億円×0.5＝ | ▲0.62億円 |
| 2 | 2.64% | ×100億円×0.5＝ | 1.32億円 |
| 3 | 0.06% | ×100億円×0.5＝ | 0.03億円 |
| 4 | 2.18% | ×100億円×0.5＝ | 1.09億円 |
| 5 | ▲8.90% | ×100億円×0.5＝ | ▲4.45億円 |
| ⋮ | ⋮ | ⋮ | ⋮ |
| 9996 | ▲1.92% | ×100億円×0.5＝ | ▲0.96億円 |
| 9997 | 2.16% | ×100億円×0.5＝ | 1.08億円 |
| 9998 | ▲2.32% | ×100億円×0.5＝ | ▲1.16億円 |
| 9999 | 3.04% | ×100億円×0.5＝ | 1.52億円 |
| 10000 | 5.06% | ×100億円×0.5＝ | 2.53億円 |

PERCENTILE（99%）　　▲4.10億円

## ⑷ ヒストリカル法

　ヒストリカル法の最大の特徴は、リスクファクターの確率分布としては「特定の分布を仮定しない」ということです。神のみぞ知る確率分布に、人工的な確率分布を無理に当てはめることはしません。

　ヒストリカル法では、リスクファクターの変動に関して、文字どおり、「過去は繰り返す」と考えます。リスクファクターの過去の観測データ、すなわち、ヒストリカル・データを使って、ポートフォリオ価値の変動をヒストグラム化して、将来を予想する際の確率分布として代用します。

●VaRの導出：ヒストリカル法

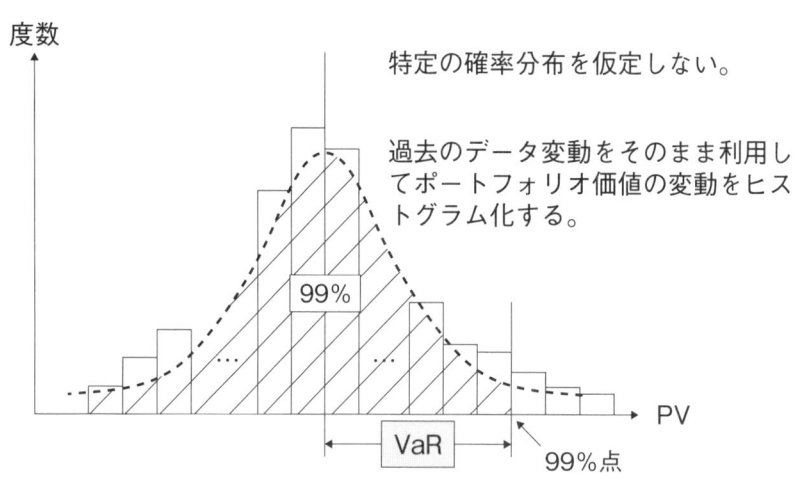

度数

特定の確率分布を仮定しない。

過去のデータ変動をそのまま利用してポートフォリオ価値の変動をヒストグラム化する。

99％

VaR

99％点

PV

（注）　山下（2000）、碓井（2008a）を参考にして作成。

誤解されやすいので、注意を喚起しておくと、ヒストリカル法では、ポートフォリオ価値の変動実績をそのままヒストグラム化するのではありません。

　現在と同じポートフォリオを、過去の一定期間（観測期間）のあいだずっと保有していたと想定して、リスクファクターの変動実績に基づいて、ポートフォリオ価値の過去の変動額（理論値）をさかのぼって計算していきます。

　こうして得られたポートフォリオ価値の過去の変動額（理論値）をヒストグラム化して、それを、そのまま将来予想の確率分布とみなします。このように作成した将来予想を示すヒストグラムで99％点を求めて、それを99％VaRとします。

　ヒストリカル法の欠点としては、データ数がどうしても少なくなることです。過去のポートフォリオ価値の変動額（理論値）を日次ベースで遡及したとしても、1年間で約250個しかデータは得られません。

　ヒストリカル法に限らず、いずれの手法によっても、データ数が少ないとVaRの計測精度は落ちます。しかし、ヒストリカル法では、データ数が不足すると、計測結果が特に不安定化してしまいます。VaR近辺に数個のデータが入るか入らないかで、計測結果が大きく変わってくるからです。

　その一方で、データ数を増やすため、「観測期間」を延ばすと、今度はかえって遠い過去のデータに大きく影響されることになりますので、この点にも注意が必要です。

## ●VaR計測事例（ヒストリカル法）

| 投信残高 | 100億円 |
|---|---|
| 投信種類 | 株価指数に50％連動 |
| リスクファクター | 株価指数の10日間変化率 |

| 観測期間 | 250日 |
|---|---|
| 保有期間 | 10日 |
| 信頼水準 | 99％ |

過去250日間の株価指数10日間変化率の実績値に基づいて投信価額の10日間増減額を計算。

得られた250個のデータを、損失額の小さい順に並べ99％点をとって99％VaRとする。

| No. | 株価指数<br>10日間変化率<br>（実績値） | | 投信価額<br>10日間増減額<br>（予測値） |
|---|---|---|---|
| 1 | ▲4.26％ | ×100億円×0.5＝ | ▲2.13億円 |
| 2 | ▲2.36％ | ×100億円×0.5＝ | ▲1.18億円 |
| 3 | 0.32％ | ×100億円×0.5＝ | 0.16億円 |
| ： | ： | ： | ： |
| 249 | 2.88％ | ×100億円×0.5＝ | 1.44億円 |
| 250 | 2.16％ | ×100億円×0.5＝ | 1.08億円 |

PERCENTILE（99％）　　▲4.02億円

近年、市場VaRの計測手法として、「ヒストリカル法」を採用する先が増加しています。これは、金利、株価、為替などリスクファクターの変動実績が必ずしも正規分布に従っているとはいえず、「ファット・テール」性が観察されることがわかってきたからです。リスクファクターの確率分布として「特定の分布」を仮定しない「ヒストリカル法」は対外的な説明がしやすい点も注目されました。

　また、市場VaRに関して、リスクファクターの観測データは基本的に日次ベースで取得可能です。データ数が致命的に不足するということもありません。さらに、VaRの計測値が不安定化しないように、「平滑化法」や「データの重みづけ」など、さまざまなテクニックも開発されたことも、「ヒストリカル法」への移行を後押ししました。

　しかし、「ヒストリカル法」への移行には相当な準備と作業負担を要します。また、日々、「ヒストリカル法」でVaRを計測する場合、システムへの負荷が高くなります。ある事例では、多額のコストと時間をかけて「ヒストリカル法」に移行しましたが、その結果、当日中にVaRを計測することができなくなりました。VaR計測のタイミングが遅れれば、経営判断のタイミングも遅れることになります。

　「最近の流れだから」といって、拙速に「ヒストリカル法」へ移行するのは必ずしも賢明とはいえません。「分散共分散法」を採用しているとき、「バックテスト」で相応に計測精度が確保されているのであれば、「ヒストリカル法」への移行を急ぐ必然性はないように思います。

# 3 信用 VaR の計測

## (1) 基本的な考え方

　個別債務者がデフォルトする「確率」と、そのときに発生する「損失額」がわかれば「信用 VaR」を計量化することが可能になります。

　企業の財務データや定性情報を集めたデータベースが構築され、利用可能な世の中になりました。こうしたデータベースを活用することによって、個別債務者の信用状態を格付したり、スコアリング（評点化）することができます。また、同一の格付・評点の企業に関して、たとえば、1年間で全体の何％くらいの企業が「デフォルト」したか、という「デフォルト確率」に関する実績データもあります。また、統計モデルを使って「デフォルト確率」を推定する手法も発展しました。

　金融機関では、主に内部データを用いて個別債務者の「デフォルト確率」を自ら計測・推定してリスク管理に活用しています。一般企業でも、外部データベースを使って「格付」「スコアリング」「デフォルト確率」などを入手し、取引先企業の信用状態をチェックして売掛金等与信の審査管理に活用する事例もみられるようになりました。

●格付・スコアリングとデフォルト確率

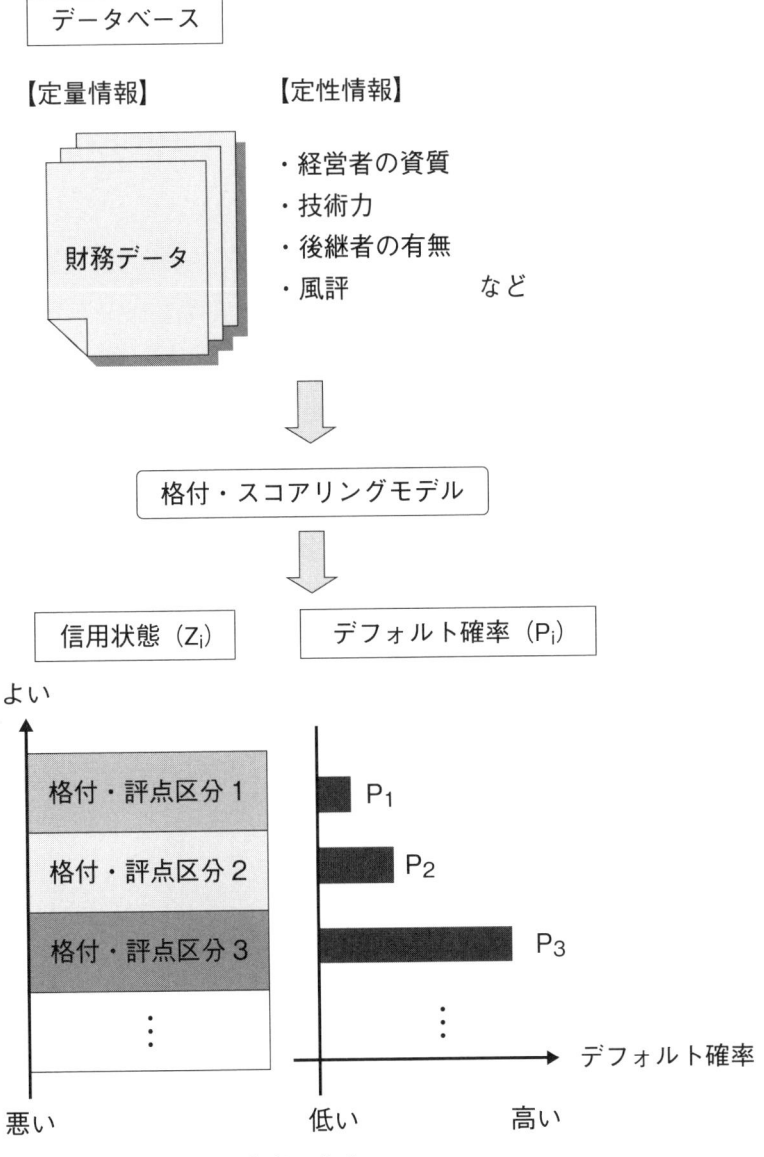

データベース

【定量情報】

財務データ

【定性情報】
・経営者の資質
・技術力
・後継者の有無
・風評　　　　など

↓

格付・スコアリングモデル

↓

信用状態（$Z_i$）　　デフォルト確率（$P_i$）

よい

格付・評点区分1　　$P_1$
格付・評点区分2　　$P_2$
格付・評点区分3　　$P_3$
⋮　　　　　　　　　⋮

悪い　　　　　　　低い　　　　高い　　デフォルト確率

（注）碓井（2009b）を参考に作成。

個々の債務者のデフォルトは互いに関連なく起きる（独立である）と仮定すると、「信用 VaR」は、第 1 章で紹介した設例のシミュレーションとまったく同じ考え方で計測することが可能です。

　第 1 章の設例では、10 個のリスク事象があると仮定して、その「発生確率」と発生したときの「損失金額」がわかっていました。今回は、もっと具体的に 10 社の個別債務者があって、「格付」ごとの「デフォルト確率」と、デフォルト時に発生する「損失金額」が以下のとおりわかっているとします。

　「デフォルト確率」「損失金額」は第 1 章の設例と同じにしています。したがって、モンテカルロシミュレーションによる信用 VaR の計測結果も同じになります。

●債務者のデフォルト確率とデフォルト時損失金額

| 債務者 | 格付 | デフォルト確率 | 損失金額 |
|---|---|---|---|
| 1 | C | 0.5 | 0.1 |
| 2 | C | 0.5 | 0.1 |
| 3 | C | 0.5 | 0.1 |
| 4 | B | 0.1 | 0.1 |
| 5 | B | 0.1 | 0.1 |
| 6 | A | 0.01 | 0.1 |
| 7 | B | 0.1 | 10 |
| 8 | B | 0.1 | 10 |
| 9 | A | 0.01 | 10 |
| 10 | A | 0.01 | 100 |

●デフォルトの発生（モンテカルロシミュレーション）

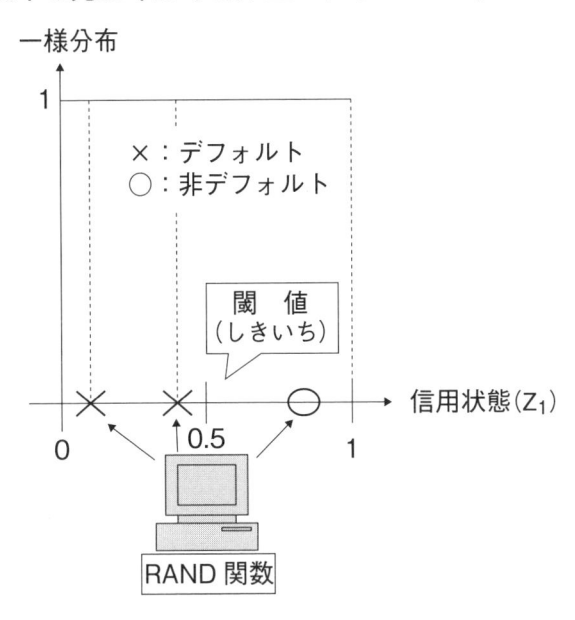

一様分布

×：デフォルト
○：非デフォルト

閾値（しきいち）

信用状態（$Z_1$）

RAND 関数

| 供与先 | 1 | 2 | 3 | 4 | 5 | 6 | 7 | 8 | 9 | 10 |
|---|---|---|---|---|---|---|---|---|---|---|
| 損失 | 0.1 | 0.1 | 0.1 | 0.1 | 0.1 | 0.1 | 10 | 10 | 10 | 100 |
| 確率 | 0.5 | 0.5 | 0.5 | 0.1 | 0.1 | 0.01 | 0.1 | 0.1 | 0.01 | 0.01 |

| 試行 | 乱数1 | 乱数2 | 乱数3 | 乱数4 | 乱数5 | 乱数6 | 乱数7 | 乱数8 | 乱数9 | 乱数10 |
|---|---|---|---|---|---|---|---|---|---|---|
| 1 | (0.245) | (0.059) | (0.004) | 0.110 | 0.364 | 0.431 | 0.788 | 0.785 | 0.598 | 0.487 |
| 2 | 0.548 | (0.387) | 0.884 | 0.398 | 0.977 | 0.587 | 0.334 | 0.724 | 0.172 | 0.383 |
| 3 | (0.291) | (0.257) | (0.202) | 0.384 | 0.248 | 0.166 | 0.200 | 0.944 | 0.351 | 0.862 |
| 4 | 0.768 | (0.380) | 0.934 | (0.075) | 0.587 | 0.495 | 0.808 | 0.101 | 0.721 | 0.605 |
| 5 | (0.250) | (0.267) | 0.955 | 0.140 | 0.957 | 0.505 | 0.744 | 0.716 | 0.113 | 0.097 |
| ⋮ | ⋮ | ⋮ | ⋮ | ⋮ | ⋮ | ⋮ | ⋮ | ⋮ | ⋮ | ⋮ |

| 試行 | 損失1 | 損失2 | 損失3 | 損失4 | 損失5 | 損失6 | 損失7 | 損失8 | 損失9 | 損失10 | 損失計 |
|---|---|---|---|---|---|---|---|---|---|---|---|
| 1 | (0.100) | (0.100) | (0.100) | 0.000 | 0.000 | 0.000 | 0.000 | 0.000 | 0.000 | 0.000 | 0.300 |
| 2 | 0.000 | (0.100) | 0.000 | 0.000 | 0.000 | 0.000 | 0.000 | 0.000 | 0.000 | 0.000 | 0.100 |
| 3 | (0.100) | (0.100) | (0.100) | 0.000 | 0.000 | 0.000 | 0.000 | 0.000 | 0.000 | 0.000 | 0.300 |
| 4 | 0.000 | (0.100) | 0.000 | (0.100) | 0.000 | 0.000 | 0.000 | 0.000 | 0.000 | 0.000 | 0.200 |
| 5 | (0.100) | (0.100) | 0.000 | 0.000 | 0.000 | 0.000 | 0.000 | 0.000 | 0.000 | 0.000 | 0.200 |
| ⋮ | ⋮ | ⋮ | ⋮ | ⋮ | ⋮ | ⋮ | ⋮ | ⋮ | ⋮ | ⋮ | ⋮ |

◯：デフォルト（損失）が発生した箇所

（注）　碓井（2009b）より転載。

●モンテカルロシミュレーション結果

| 損失計 | 確率 | 累計 |
|---|---|---|
| 0 | 7.740% | 7.740% |
| ～10 | 73.470% | 81.210% |
| ～20 | 16.650% | 97.860% |
| ～30 | 1.120% | 98.980% |
| ～40 | 0.020% | 99.000% |
| ～50 | 0.000% | 99.000% |
| ～60 | 0.000% | 99.000% |
| ～70 | 0.000% | 99.000% |
| ～80 | 0.000% | 99.000% |
| ～90 | 0.000% | 99.000% |
| ～100 | 0.080% | 99.080% |
| ～110 | 0.780% | 99.860% |
| ～120 | 0.130% | 99.990% |
| ～130 | 0.010% | 100.000% |
| 130超 | 0.000% | 100.000% |

| 平均値 | |
|---|---|
| 理論値 | 3.3 |
| 試行値 | 3.3 |

| | パーセント点 |
|---|---|
| 90.00% | 10.2 |
| 95.00% | 10.3 |
| 99.00% | 30.6 |
| 99.50% | 100.2 |
| 99.90% | 110.1 |
| 99.95% | 110.3 |

確率分布

(注) 碓井（2009b）より転載。

　以上は、ごく簡単な「信用 VaR」の計測モデルの紹介ですが、実は、個々の債務者のデフォルトが互いに関連なく起きる（独立である）と仮定するのは現実的ではない、と考える理論家、実務家は少なくありません。

　たとえば、景気がよくなると、すべての債務者がデフォルトしにくくなります。反対に、景気が悪くなるとすべての債務者がデフォルトしやすくなります。すべての債務者の信用状態に影響を与える「共通要因」があると考えられます。
　このほか、特定業種の債務者の信用状態に影響を与える「業種要因」、あるいは、特定地域の債務者の信用状態に影響を与える「地域要因」などもあるかもしれません。

## (2) 1ファクター・モデル

すべての債務者の信用状態に影響を与える「共通要因」(X)と特定の債務者の信用状態のみに影響を与える「固有要因」($Y_i$) とがあるとします。

すべての債務者の信用状態に影響を与える「共通要因」(X) は1つだけと想定します。そして、「共通要因」(X) は標準正規分布にしたがって変動すると仮定します（X〜N (0、1)）。また、個別債務者の信用状態 ($Z_i$) にのみ影響を与える「固有要因」($Y_i$) についても標準正規分布に従って変動すると仮定します（$Y_i$〜N (0、1)）。

個別債務者の信用状態 ($Z_i$) は、以下の算式に従って「共通要因」(X) と「固有要因」($Y_i$) をウェイトづけして合算して定義します。

このモデルでは、「共通要因」(X) を1つと想定していることから「1ファクター・モデル」と呼びます。

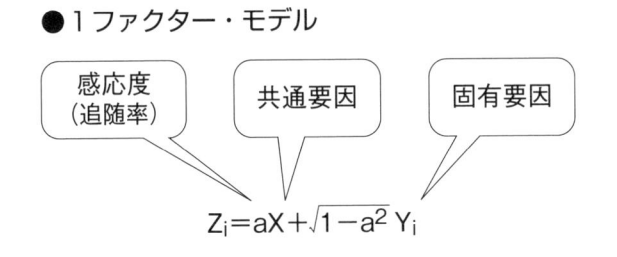

●1ファクター・モデル

感応度（追随率） 共通要因 固有要因

$$Z_i = aX + \sqrt{1-a^2}\, Y_i$$

「共通要因」（X）に係るウェイトを a とし、「固有要因」に係るウェイトを $\sqrt{1-a^2}$ として合算するのは、個別債務者の信用状態（$Z_i$）を標準正規分布に従って変動するようにモデル化するためです（$Z_i \sim N(0, 1)$）。

「共通要因」（X）に係るウェイト a は個別債務者の信用状態（$Z_i$）が「共通要因」（X）の変動にどの程度追随するかを表すパラメータです。このパラメータを「追随率」あるいは「感応度」と呼びます。

●個別債務者の信用状態

共通要因
$X \sim N(0, 1)$

固有要因
$Y_i \sim N(0, 1)$

個別債務者(i)の信用状態
$Z_i \sim N(0, 1)$

$Z_i = aX + \sqrt{1-a^2}\, Y_i$

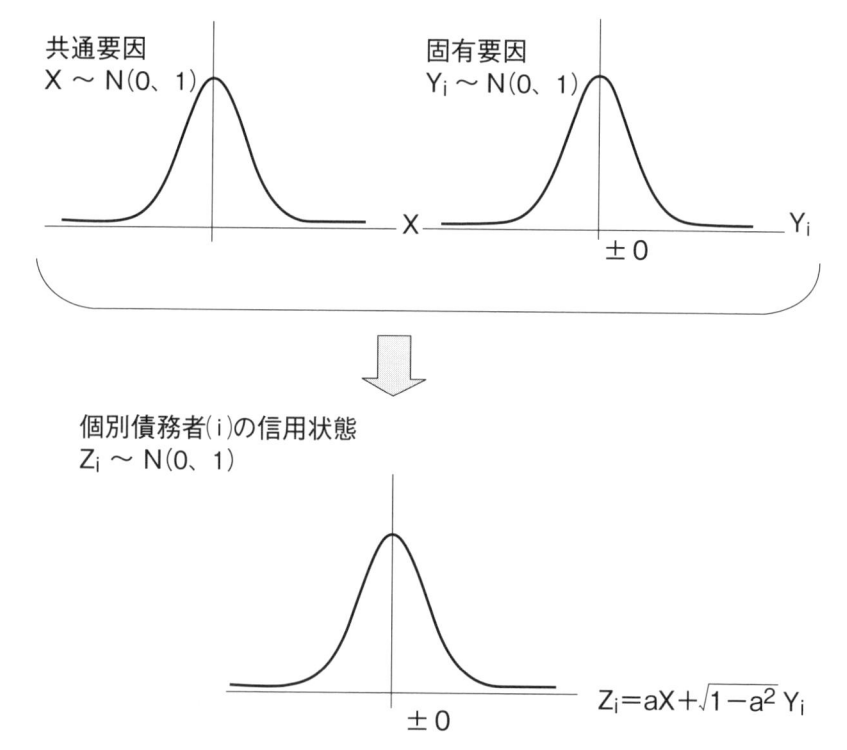

（注）碓井（2009b）を参考に作成。

個別債務者の信用状態（$Z_i$）が、当該債務者のデフォルト確率に対応した、ある閾値（しきいち）以下の数値をとるとき、デフォルト状態に陥り、損失が発生すると想定します。

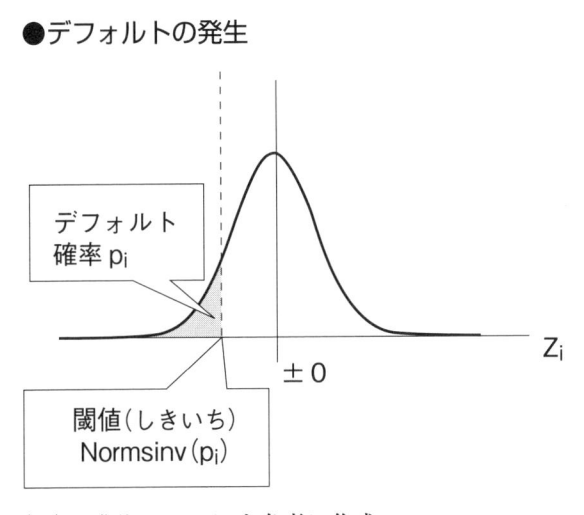

●デフォルトの発生

デフォルト確率 $p_i$

閾値（しきいち）
Normsinv($p_i$)

±0

$Z_i$

（注）碓井（2009b）を参考に作成。

　「共通要因」（X）と「固有要因」（$Y_i$）という2つの標準正規乱数を発生させて、ウェイトづけして合算し、個別債務者の信用状態（$Z_i$）を求めます。

　以下の例では、「共通要因」の変動に対する「追随率」を0.4に設定して、「個別債務者の信用状態」（$Z_i$）を求めています。

　このようにして得られた、「個別債務者の信用状態」（$Z_i$）の値が閾値（しきいち）を下回っていれば、デフォルトして損失が発生する、上回っていればデフォルトせず損失も発生しないと判定します。

この作業を、1万回、繰り返し実施して、デフォルト、損失の発生状況をまとめたものが右の図表です。

「共通要因」の変動に対する「追随率」が大きくなると、個別債務者の信用状態は「共通要因」の変動の影響をより大きく受けることになります。

同時デフォルトにより多額の損失が発生するケースや、いずれもデフォルトせず、損失が生じないケースなどが増えます。このため、「共通要因」の変動に対する「追随率」が大きくなると、99％VaRの値も大きくなる傾向があります。

1ファクター・モデルで計測する信用VaRでは「デフォルト確率」（$p_i$）、「デフォルト時損失」（$L_i$）のほか、「共通要因」の変動に対する「追随率」（a）の推定が重要になります。

「デフォルト確率」（$p_i$）、「デフォルト時損失」（$L_i$）の推定もむずかしい問題ですが、「追随率」（a）の推定は、実務上、特にむずかしく、何か決まった方法があるわけではありません。

たとえば、個別株価の変動を「個別債務者の信用状態」（$Z_i$）とみなし、株価指数の変動を「共通要因」（X）とみなして、相関係数を計測し「追随率」の代用とすることがあります。そのほか、デフォルト確率の動きから高度な統計的手法を駆使して、「共通要因」に係る「追随率」を導きだす方法もあります。

しかし、いずれの手法で求めた「追随率」であっても、それが適正か否かを検証する方法も、まだ確立しているとは言い難い状況にあります。信用VaRの精度には、そもそも限界があることをふまえて、リスク管理に活用する必要があります。

## ●モンテカルロシミュレーション

|   | X | Z1 | Z2 | Z3 | Z4 | Z5 | Z6 | Z7 | Z8 | Z9 | Z10 |
|---|---|---|---|---|---|---|---|---|---|---|---|
| a | — | 0.4 | 0.4 | 0.4 | 0.4 | 0.4 | 0.4 | 0.4 | 0.4 | 0.4 | 0.4 |
| 金額 | — | 0.1 | 0.1 | 0.1 | 0.1 | 0.1 | 0.1 | 10 | 10 | 10 | 100 |
| 確率 | — | 0.5 | 0.5 | 0.5 | 0.1 | 0.1 | 0.01 | 0.1 | 0.1 | 0.01 | 0.01 |
| 閾値 | — | 0.000 | 0.000 | 0.000 | −1.282 | −1.282 | −2.326 | −1.282 | −1.282 | −2.326 | −2.326 |

| 試行 | 乱数X | Z1 | Z2 | Z3 | Z4 | Z5 | Z6 | Z7 | Z8 | Z9 | Z10 |
|---|---|---|---|---|---|---|---|---|---|---|---|
| 1 | −0.106 | −0.683 | 1.890 | −0.346 | 0.657 | −0.720 | −0.345 | −0.727 | −1.231 | −0.835 | −1.047 |
| 2 | −1.419 | 0.386 | −0.979 | 0.230 | −0.788 | 0.343 | −1.836 | 0.224 | −0.052 | 0.825 | −0.371 |
| 3 | 0.010 | 0.914 | 2.001 | −0.830 | −0.535 | 1.671 | −0.460 | −1.478 | −0.571 | 0.728 | 0.965 |
| 4 | 0.939 | 0.508 | 0.694 | −1.041 | 0.616 | 1.850 | 1.173 | −0.562 | 0.091 | 0.328 | 1.136 |
| 5 | −1.018 | −0.557 | −1.208 | −1.710 | 0.648 | 0.214 | 1.134 | 0.041 | −0.149 | −1.929 | −0.460 |
| 6 | −1.889 | −0.821 | −1.786 | −0.169 | 0.012 | −0.838 | −1.385 | −2.541 | −0.944 | −0.358 | −1.779 |
| 7 | −1.611 | 0.545 | −0.264 | 0.164 | −2.471 | −0.806 | 0.271 | −1.459 | −1.920 | 0.703 | −0.364 |
| 8 | 1.349 | −1.542 | 1.111 | 1.053 | 2.497 | 1.164 | −0.119 | −0.675 | 0.297 | 0.563 | 0.443 |

| 試行 | L1 | L2 | L3 | L4 | L5 | L6 | L7 | L8 | L9 | L10 | 損失計 |
|---|---|---|---|---|---|---|---|---|---|---|---|
| 1 | 0.1 | 0.0 | 0.1 | 0.0 | 0.0 | 0.0 | 0.0 | 0.0 | 0.0 | 0.0 | 0.200 |
| 2 | 0.0 | 0.1 | 0.0 | 0.0 | 0.0 | 0.0 | 0.0 | 0.0 | 0.0 | 0.0 | 0.100 |
| 3 | 0.0 | 0.0 | 0.1 | 0.0 | 0.0 | 0.0 | 10.0 | 0.0 | 0.0 | 0.0 | 10.100 |
| 4 | 0.0 | 0.0 | 0.1 | 0.0 | 0.0 | 0.0 | 0.0 | 0.0 | 0.0 | 0.0 | 0.100 |
| 5 | 0.1 | 0.1 | 0.1 | 0.0 | 0.0 | 0.0 | 0.0 | 0.0 | 0.0 | 0.0 | 0.300 |
| 6 | 0.1 | 0.1 | 0.1 | 0.0 | 0.0 | 0.0 | 10.0 | 0.0 | 0.0 | 0.0 | 10.300 |
| 7 | 0.0 | 0.0 | 0.0 | 0.1 | 0.0 | 0.0 | 10.0 | 10.0 | 0.0 | 0.0 | 20.200 |
| 8 | 0.1 | 0.0 | 0.0 | 0.0 | 0.0 | 0.0 | 0.0 | 0.0 | 0.0 | 0.0 | 0.100 |

◯：デフォルト（損失）が発生した箇所

## ●モンテカルロシミュレーション結果

| 損失計 | 確率 | 累計 |
|---|---|---|
| 0 | 28.850% | 28.850% |
| ~10 | 55.300% | 84.150% |
| ~20 | 10.620% | 94.800% |
| ~30 | 3.620% | 98.420% |
| ~40 | 0.430% | 98.850% |
| ~50 | 0.000% | 98.850% |
| ~60 | 0.000% | 98.850% |
| ~70 | 0.000% | 98.850% |
| ~80 | 0.000% | 98.850% |
| ~90 | 0.000% | 98.850% |
| ~100 | 0.000% | 98.850% |
| ~110 | 0.120% | 98.970% |
| ~120 | 0.300% | 99.270% |
| ~130 | 0.510% | 99.780% |
| 130超 | 0.220% | 100.000% |

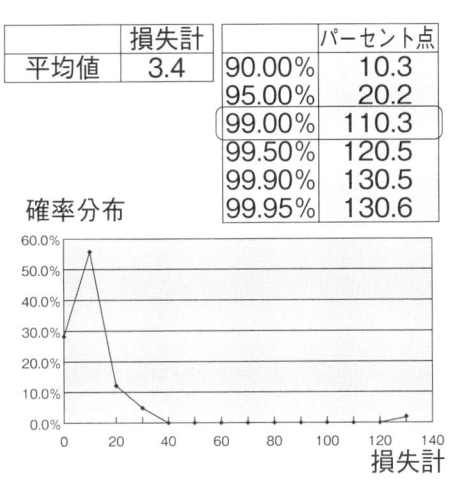

|  | 損失計 |
|---|---|
| 平均値 | 3.4 |

|  | パーセント点 |
|---|---|
| 90.00% | 10.3 |
| 95.00% | 20.2 |
| 99.00% | 110.3 |
| 99.50% | 120.5 |
| 99.90% | 130.5 |
| 99.95% | 130.6 |

確率分布

（注）碓井（2008a）より転載。

## (3) マルチファクター・モデル

すべての債務者の信用状態に影響を与える「共通要因」が1つの場合を考えてきましたが、たとえば、特定の業種に属する債務者の信用状態のみに影響を与える「業種要因」が存在することも考えられます。

このようなケースでは、「共通要因」（$X_{S(i)}$）は、債務者（i）の属する「業種」（S(i)）によって異なると想定して、モデル化します。

●業種別マルチファクター・モデル

$$Z_i = a_{S(i)} X_{S(i)} + \sqrt{1 - a_{S(i)}^2} Y_i$$

$X_{S(i)}$：「業種」別の共通要因〜N（0、1）
$Y_i$：固有要因〜N（0、1）
$Z_i$：個別債務者の信用状態〜N（0、1）

このとき、「業種」別の共通要因に係るウェイト $a_{S(i)}$ は個別債務者の信用状態（$Z_i$）が「業種」別の共通要因（$X_{S(i)}$）の変動にどの程度追随するかを表すパラメータです。

●業種別相関

$$\rho_{S(i)S(j)} = a_{S(i)} \times a_{S(j)}$$

「業種」別の共通要因（$X_{s(i)}$）モデルに導入することによって、債務者の信用状態の「業種別相関」を考慮することができるようになります。「業種別相関」を考慮することにより、「業種」集中による信用リスク（VaR）の増大を回避したり、「業種」分散による信用リスク（VaR）の低下を図ることができるようになります。「業種別相関」の考慮は、与信ポートフォリオ・マネジメントの理論的な根拠を提供します。

一般的には、債務者の信用状態に影響を与える要因は複数存在します。以下の算式で示すとおり、n個の「共通要因」と1個の「固有要因」のウェイトづけ・合算により、個別債務者の信用状態（$Z_i$）を定義してモデル化することは可能ですが、各種パラメータの推定、検証は一段とむずかしくなります。

● 一般化マルチファクター・モデル

$$Z_i = a_{i1}X_1 + a_{i2}X_2 + \cdots + a_{in}X_n + \sqrt{1-(a_{i1}^2+a_{i2}^2+\cdots+a_{in}^2)}\,Y_i$$

---
$X_1$、$X_2$・・・$X_n$：共通要因〜$N(0、1)$
　　（例）マクロ経済要因（景気、株価指数、金利、為替）業種要因、地域要因など
$Y_i$：固有要因〜$N(0、1)$
$Z_i$：個別債務者の信用状態〜$N(0、1)$

# 4 オペリスクVaRの計測

## (1) 基本的な考え方

オペレーショナル・リスクというのは、「業務全般に関して内部プロセス、人、システムが適切に機能せず、事件事故等が発生したり、災害等の外生的事象が起きたときに被る損失に係るリスク」のことをいいます。

第1章の設例では10個のリスク事象がありましたが、その「発生確率」と、発生したときの「損失金額」があらかじめ定まっていました。

しかし、オペレーショナル・リスクに関しては、発生したときの「損失金額」があらかじめ確定しているという想定は不自然です。オペレーション・ミスによって発生する損失金額はそのときどきで異なると思われます。同じオペレーション・ミスでも多額の損失が発生するときも、少額の損失しか発生しないときもあるからです。

そこで、オペレーショナル・リスクに関しては、①事件・事故等が一定期間に起きる「発生件数」($K$)と、②1件当りの「損失発生金額」($L_j$)の双方を確率変数と考えます。

一定期間に事件事故等が起こる回数（K）に関する「頻度分布」と、事件事故等が起きた時、1件当り、どの程度の損失（$L_j$）が発生するかを表す「金額分布」がわかれば、モンテカルロシミュレーションによって、一定期間の損失額（$\sum_{j=1}^{K} L_j$）を繰り返し求めることができます。

　このようにして得られた一定期間の損失額（$\sum_{j=1}^{K} L_j$）の分布を使って、オペリスクVaRを求める手法を「損失分布手法」と呼びます。

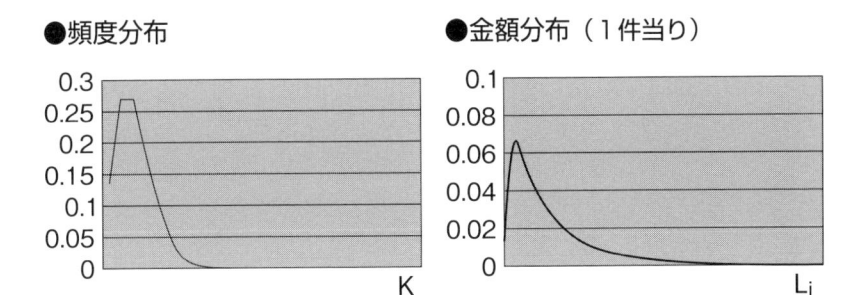

●頻度分布

●金額分布（1件当り）

（注）j：リスク事象

●損失分布

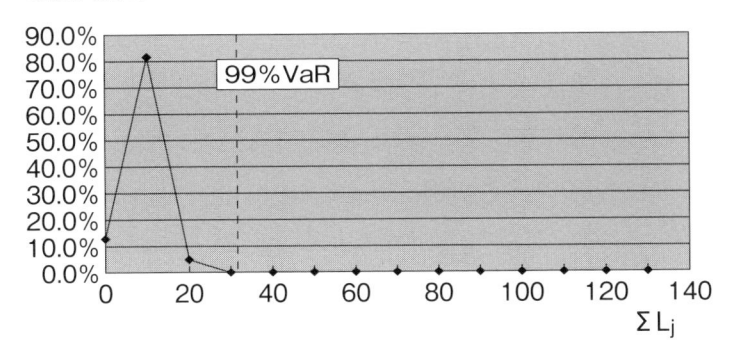

（注）j：リスク事象

## (2) 損失分布手法

損失分布手法によるオペリスク VaR の計測手順を具体例でみてみましょう。

① 「頻度分布」の想定
　１年間の事件事故等の発生件数（K）について、ポワソン分布（平均 $\lambda = 2$）に従って変動すると想定します。
② 「金額分布」の想定
　事件事故等１件当りの「損失金額」（$L_j$）について、対数正規分布（$LogL_j$ の平均 $\mu = 0$、$LogL_j$ の標準偏差 $\sigma = 1$）に従って変動すると想定します。
③ モンテカルロシミュレーション
　１年間の事件事故等の発生件数（K）を、上記①のポワソン分布に従う乱数として発生させます。
　次に、その発生件数分（K）だけ、「１件当りの損失金額」（$L_j$）を上記②の対数正規分布に従う乱数として発生させます。
　それらを合計して、１年間の損失発生額（$\sum_{j=1}^{K} L_j$）を求めます。これを繰り返し実行して「損失分布」を作成します。
④ オペリスク VaR の計測
　「損失分布」から一定の信頼水準（99.9％）のもとでの最大予想損失額（VaR）を算出します。

## ●モンテカルロシミュレーション

「事件事故の発生件数をポワソン分布に従う乱数として発生させる」

「事件事故の発生件数分だけ、損失額を、対数正規分布に従う乱数として発生させる」

(億円)

| 試行 | 発生件数 | 1 | 2 | 3 | 4 | 5 | 6 | 損失計 |
|---|---|---|---|---|---|---|---|---|
| 1 | 3 | 1.05 | 1.20 | 2.06 | 0.00 | 0.00 | 0.00 | 4.305 |
| 2 | 2 | 7.88 | 0.16 | 0.00 | 0.00 | 0.00 | 0.00 | 8.040 |
| 3 | 1 | 1.07 | 0.00 | 0.00 | 0.00 | 0.00 | 0.00 | 1.074 |
| 4 | 0 | 0.00 | 0.00 | 0.00 | 0.00 | 0.00 | 0.00 | 0.000 |
| 5 | 2 | 0.70 | 0.61 | 0.00 | 0.00 | 0.00 | 0.00 | 1.318 |
| 6 | 3 | 2.15 | 0.29 | 0.16 | 0.00 | 0.00 | 0.00 | 2.602 |
| 7 | 1 | 0.70 | 0.00 | 0.00 | 0.00 | 0.00 | 0.00 | 0.699 |
| 8 | 4 | 0.61 | 1.44 | 0.44 | 0.17 | 0.00 | 0.00 | 2.663 |
| 9 | 3 | 3.91 | 0.78 | 0.40 | 0.00 | 0.00 | 0.00 | 5.088 |
| 10 | 3 | 3.87 | 0.21 | 1.83 | 0.00 | 0.00 | 0.00 | 5.914 |

◯：事件事故に伴う損失の発生

（例）　シミュレーション結果

| 損失計 | 確率 | 累計 |
|---|---|---|
| 0 | 12.810% | 12.810% |
| ～10 | 81.530% | 94.340% |
| ～20 | 5.080% | 99.420% |
| ～30 | 0.420% | 99.840% |
| ～40 | 0.100% | 99.940% |
| ～50 | 0.040% | 99.980% |
| ～60 | 0.020% | 100.000% |
| ～70 | 0.000% | 100.000% |
| ～80 | 0.000% | 100.000% |
| ～90 | 0.000% | 100.000% |
| ～100 | 0.000% | 100.000% |
| ～110 | 0.000% | 100.000% |
| ～120 | 0.000% | 100.000% |
| ～130 | 0.000% | 100.000% |
| 130超 | 0.000% | 100.000% |

| | 損失計 |
|---|---|
| 平均値 | 3.3 |
| 最大値 | 58.9 |

| | 発生件数 |
|---|---|
| 平均値 | 2.0 |
| 最大値 | 10.0 |

| | パーセント点 |
|---|---|
| 90.00% | 7.9 |
| 95.00% | 10.4 |
| 99.00% | 17.2 |
| 99.50% | 21.2 |
| 99.90% | 33.8 |
| 99.95% | 40.1 |

99.9%VaR

（注）　碓井（2008a）より転載。

ところで、「頻度分布」と「金額分布」をどのように特定するかは、技術的に非常にむずかしい問題です。

基本的には、事件事故等の「観測データ」に基づいてフィットのよい確率分布を推定することになります。本書は入門書であるため、「頻度分布」と「金額分布」をどのように推定するのか、その詳細については割愛しますが、高度な統計的手法を駆使する必要があります。

また、オペレーショナル・リスクは、その性格上、そもそも発生頻度が小さいものが多く、「観測データ」がどうしても不足します。

自ら収集・蓄積可能な「観測データ」（内部データ）が不足する場合、リスクプロファイルの似た他の組織で実際に起きた「外部データ」を利用できないか検討したり、あるいは、どのような事件事故等が起きうるのか、「シナリオ」を作成して補う必要があります。

海外には、事件事故等をデータベース化した「データ・コンソーシアム」があります。「データ・コンソーシアム」に蓄積された「外部データ」に適宜の調整を加えて活用することで「内部データ」の不足を補います。

一方、わが国では、「データ・コンソーシアム」がないことから、どのような事件事故等が起きうるのか、具体的に「シナリ

オ」を作成して「発生頻度」「損失金額」の想定を置くことにより、「内部データ」の不足を補うのが一般的です。

「シナリオ」の作成にはさまざまな手法がありますが、「内部データ」を補完するという目的に照らせば、その「網羅性」を確保するとともに、「発生頻度」と「損失金額」を「客観的に評価」することが重要になります。

他の組織で起きた事件事故等の公表情報を、自ら労力を掛けて収集したり、あるいは、一部の地域金融機関では「シナリオ」を交換して「シナリオ」作成の際の参考にするなどの工夫をしています。

しかし、「データ・コンソーシアム」がないと、「シナリオ」を作成する際にも、その「網羅性」「客観性」の確保に限界があるといわざるをえません。オペレーショナル・リスクを計量化して経営管理に役立てるためには、わが国においても「データ・コンソーシアム」の構築が望まれるところです。

# 第 4 章

# VaR の検証と補完

　VaR は「過去は繰り返す」という考え方に基づいて統計的に「推定」された値です。このため、VaR は客観的なリスク指標として、多くの人々に受け入れられました。

　しかし、統計的に「推定」された値は、その妥当性を統計的に「検証」しなければなりません。VaR をリスクマネジメントに活用するためには「バックテスト」と呼ばれる「検証」作業を行う必要があります。

　また、VaR は「過去は繰り返す」という考え方に基づいて推定されていることから、将来の「予測値」としては限界があります。VaR をリスクマネジメントで活用する場合、この点を十分に理解したうえで「ストレステスト」などにより「補完」することが重要です。

# 1 バックテストによる VaR の検証

## (1) VaR の検証方法

　VaR は過去の観測データから統計的手法を用いて計測された推定値です。リスクマネジメントで活用するためには、「バックテスト」と呼ばれる統計的な検証作業が必要になります。そもそも「推定」したら「検証」するというのが統計理論の基本的な考え方です。

　検証作業というとむずかしく聞こえますが、計測した VaR と損失実績を比較して、損失実績が VaR を超過する回数を数えるだけです。VaR を超過する損失の発生回数が、信頼水準から想定される回数を大幅に上回っていれば、モデルとして実用に耐えないことになります。

　たとえば、信頼水準99％で VaR を計測した場合、損失実績は99％の確率で VaR を下回りますが、1％の確率で VaR を超過すると考えられます。すなわち、信頼水準99％で、毎日（営業日ベース）1年間にわたって、VaR を250回計測したとすると、そのうち2、3回は損失実績が VaR を超過したとしても決して不思議ではありません。

では、VaRを250回計測したとして、何回、VaRを超過する損失が発生したら、VaR計測モデルの精度に問題がある、といえるのでしょうか。

　バーゼル銀行監督委員会が、金融機関のトレーディング損益に関するVaR計測モデルを評価する基準として「スリー・ゾーン・アプローチ」を示しています。「スリー・ゾーン・アプローチ」では、下表のとおり、損失実績がVaRを超過した回数に従って、VaRの計測モデルの評価を3つに区分しています。

●バーゼル銀行監督委員会のスリー・ゾーン・アプローチ

|  | 超過回数<br>（250回中） | VaR計測モデルの評価 |
| --- | --- | --- |
| グリーン・ゾーン | 0～4回 | VaR計測モデルに問題がないと考えられる。 |
| イエロー・ゾーン | 5～9回 | VaR計測モデルに問題があると示唆されるが決定的ではない。 |
| レッド・ゾーン | 10回以上 | VaR計測モデルにまず間違いなく問題がある。 |

（注）「マーケットリスクに対する所要自己資本算出に用いる内部モデル・アプローチにおいてバックテスティングを利用するための監督上のフレームワーク」、1996年1月、バーゼル銀行監督委員会

　「スリー・ゾーン・アプローチ」というのは、金融機関のトレーディング損益に関するVaRのバックテスト方法として例示されていますが、その根底にある基本的な考え方を理解すれば、さまざまなバックテストを行う際の参考になります。

第2章（3(3)e．2項分布）で説明したとおり、結果が2通りある場合、ある結果が起こる確率がpで、もう片方の結果が起きる確率が1－pのとき、ある結果がN回のうち、K回起こる確率は2項分布で表すことができます。

信頼水準99％でVaRを計測するとき、損失実績がVaRを超過する確率は1％であり、超過しない確率は99％です。したがって、250回VaRを計測したとき、損失実績がVaRを超過する回数（K回）の発生確率は、以下のような2項分布で表すことができます。

●損失実績がVaRを超過する回数（K回）とその発生確率

　VaRを超過する確率　　　p　＝　1％
　VaRを超過しない確率　　1－p＝　99％
　VaRの計測回数　　　　　N　＝250回
　発生確率　$f(K) = {}_{250}C_K \times (0.01)^K \times (0.99)^{250-K}$

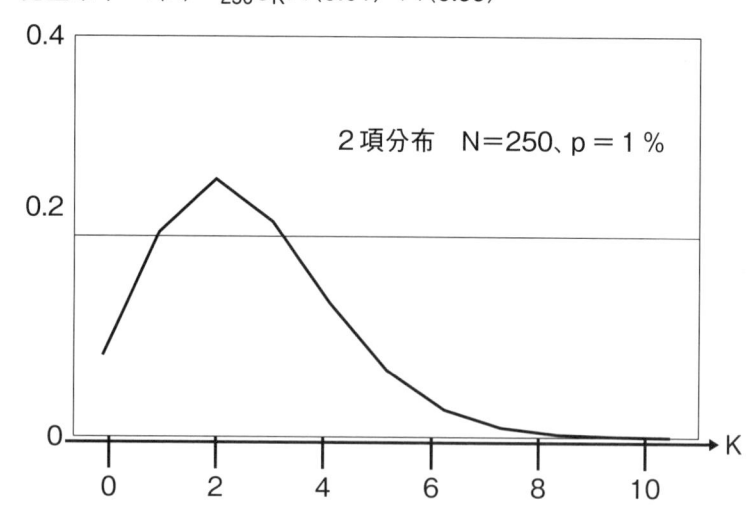

2項分布　N=250、p＝1％

グラフ化してみると、損失実績がVaRを超過する回数（K回）が0～4回のとき、その発生確率は比較的高くなりますが、超過回数（K回）が増えるに従って、その発生確率は低くなります。超過回数（K回）が10回になると、その発生確率はほとんどゼロになります。

　実は、超過回数（K回）が10回以上になる確率をそれぞれ計算して合算しても0.1％に満たないことがわかっています。

　すなわち、信頼水準99％でVaRを250回計測して、損失実績がVaRを超過する回数が10回以上になるというのは、ほとんどありえないことだということになります。

●バックテスト（2項検定）

| VaR超過回数<br>（K回） | 確率 | 確率累計 | VaR超過回数<br>（K回以上） |
|---|---|---|---|
| 0 | 8.11% | 100.00% | 0回以上 |
| 1 | 20.47% | 91.89% | 1回以上 |
| 2 | 25.74% | 71.42% | 2回以上 |
| 3 | 21.49% | 45.68% | 3回以上 |
| 4 | 13.41% | 24.19% | 4回以上 |
| 5 | 6.66% | 10.78% | 5回以上 |
| 6 | 2.75% | 4.12% | 6回以上 |
| 7 | 0.97% | 1.37% | 7回以上 |
| 8 | 0.30% | 0.40% | 8回以上 |
| 9 | 0.08% | 0.11% | 9回以上 |
| 10 | 0.02% | 0.03% | 10回以上 |
| 11 | 0.00% | 0.01% | 11回以上 |
| 12 | 0.00% | 0.00% | 12回以上 |
| 13 | 0.00% | 0.00% | 13回以上 |
| 14 | 0.00% | 0.00% | 14回以上 |
| 15 | 0.00% | 0.00% | 15回以上 |

（注）　バーゼル銀行監督委員会（1996）に基づいて作成。

もちろん、VaR超過回数が10回以上になるのは、理論的には0.1％未満の確率で起きうることですが、きわめて珍しいことが起きたと考えるよりは、VaR計測モデルになんらかの問題があると考えるほうがより自然でしょう。

　一般化していえば、まず、VaR計測モデルを正しいと想定します。次に、損失実績がVaRを超過した回数を数え、その発生確率が十分に低いと認められるとき、VaR計測モデルにはなんらかの問題があると判定します。
　第2章4(2)で説明したとおり、このような判定方法を統計学では「検定」といいます。VaR計測モデルの検証は「検定」の考え方に基づいて行います。

● VaR計測モデルのバックテストの考え方

| ■ VaR計測モデルは正しい（帰無仮説）。 |
| --- |

⇩

| ■ VaR超過損失の発生が、250回中、10回以上発生した。 |
| --- |

⇩

| ■ VaR超過損失の発生が、250回中、10回以上発生する確率は0.03％ときわめて低い。 |
| --- |

⇩

| ■ VaR計測モデルは誤っている（結論）。 |
| --- |

（注）　碓井（2008a）より転載。

## (2) バックテストの分析・活用

バックテストにより、VaRを超過する損失実績の発生が判明したときは、その原因、背景を分析して、①ストレス事象の洗出しや、②VaR計測モデルの改善につなげていくことが重要です。

参考までに、VaRを超過する損失実績が発生する主な要因を以下にまとめてみました。

●VaRを超過する損失実績の発生原因・背景
- ストレス事象の発生
- ボラティリティの変化
    - ―VaR計測後、ボラティリティが増大
- 確率分布の問題
    - ―モデルが想定する分布より、実分布がファット・テール
- トレンド、自己相関
    - ―ルートT倍ルールでの近似に限界
- 観測データ数の不足
    - ―観測データ数の不足からVaRが不安定化
- 観測期間が不適切
    - ―遠い過去の観測データ(ボラティリティ小)の影響

(注) 碓井(2008a)より転載。

上記の要因は複合的に発生することも多く、VaRを超過する損失実績が発生した要因を特定するのは決して簡単な作業ではありません。

# 2 VaRの限界とストレステスト

## (1) VaRの限界

VaRは、過去の観測データから統計的手法で計測される推定値です。ヒストリカル法では、過去のデータ変動がそのまま将来の予想変動として利用されていました。また、分散共分散法、モンテカルロシミュレーション法でも確率分布の形状の特定に過去の観測データが使われていました。

つまり、VaRは「過去は繰り返す」という基本的な考え方に基づいて推定されているといえます。このため、VaRは客観性が高いリスク指標になるわけですが、予測値としては限界があるということになります。

将来、なんらかの事情で環境変化が生じたとき、これまでに観測されたことのないデータ変動やボラティリティの高まりが生じる可能性があります（①参照）。

たとえば、99％VaRを計測していたとしても、将来、確率分布の形状が変わりうると考えると、99％VaRでは、将来の予想損失を過少評価してしまう可能性があります。経営としては、このような事態の発生に備えて、さまざまな「ストレス事象」を想定し、それらが実際に起きたときの影響を把握しておく必要があります。

また、将来、環境変化は起きないであろうと考えられる場合でも、実際にVaRを超過する損失発生の可能性（テール・リスク）が残っています（②参照）。

　たとえば、99%VaRを計測している場合、VaRを超過する可能性が1%残っていることになります。このようなテール・リスクの顕現化に備えるためには、信頼水準を切り上げてVaRを計測するなどして、経営に与える影響をみる必要があります。いうまでもないことですが、99%VaRを計測することと、残り1%の可能性で起きる損失への備えをしないこととは決して同義ではありません。

① 環境変化への備え

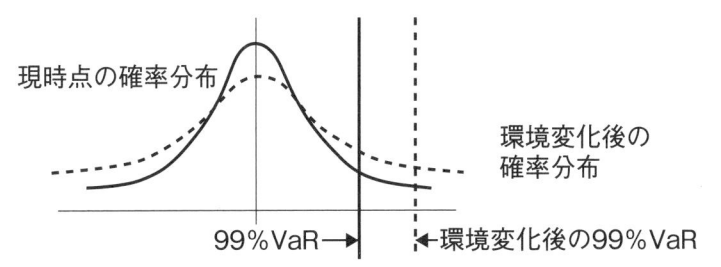

現時点の確率分布　　　　　環境変化後の確率分布
99%VaR→　←環境変化後の99%VaR

② テール・リスクへの備え

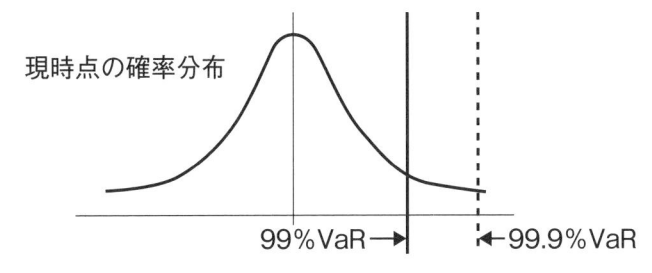

現時点の確率分布
99%VaR→　←99.9%VaR

（注）　碓井（2008a）より転載。

(2) ストレステスト

　リスクマネジメント上、VaR の限界を「補完」するためにはストレステストを行うのが一般的です。
　ストレステストの方法としては、さまざまな形態があります。「客観性」を重視して、過去のショック時の変動や損失の発生をストレスシナリオとして想定する方法や「柔軟性」を重視して、将来、起きうる変動や損失の発生を自由に想定する方法があります。そのほか、より高い信頼水準を設定する方法、ボラティリティの増大を想定したり、相関を勘案しないように VaR 計測モデルを修正する方法、あるいは、より裾野が長い確率分布を想定する方法などもあります。

●ストレステスト

|  | 客観性重視 | 柔軟性重視 |
| --- | --- | --- |
| ストレスシナリオ | 過去のショック時の変動・損失等をそのまま利用<br>(例)<br>・ブラック・マンデー時の株価下落<br>・サブプライム問題の表面化に伴う証券化商品の下落<br>・景気後退期の倒産確率上昇<br>・各リスクファクターの過去10年間の最大変動 | 将来のありうる変動、損失等を自由に想定<br>(例)<br>・200bp の金利上昇<br>・イールドカーブのスティープニング or フラットニング<br>・大口取引先の連鎖倒産<br>・大規模災害の発生<br>・システム障害の発生 |
| その他 | (例)<br>・より高い信頼水準（99.9%等） | (例)<br>・ボラティリティの増大<br>・相関の非勘案<br>・より裾野が長い確率分布 |

(注)　碓井（2008a）を参考に作成。

このようにストレステストにはさまざまな手法がありますが、これまでどちらかというと、信頼水準の引上げ（たとえば99%→99.9%）や相関の非勘案など、形式的に想定を厳しく置き直す方法が多用されてきたように思います。形式的なストレステストを決して否定するつもりはありませんが、個別のリスクプロファイルを勘案したものではない点で、将来の損失発生に十分備えることができるか疑問が残ります。

　また、過去のショック時の変動や損失の発生をストレスシナリオとして想定する方法をとることも少なくありません。実際に起きた「ストレス事象」からシナリオを作成しますので、客観性が高く、多くの人に受け入れられやすいストレステストといえます。しかし、過去データに基づいている限り、VaRと同様、一定の限界があるといわざるをえません。

　過去、起きたことがないような「ストレス事象」に備えるためには、内外環境を十分に分析して、組織全体で「どのようなストレス事象に備えるべきか」を協議し、認識を共有することが重要です。

　このとき、柔軟な発想で「ストレス事象」を設定することが重要なポイントになるといわれますが、実際に行うとなると、非常にむずかしい作業です。「ストレス事象」を洗い出すためには、①組織固有のリスクプロファイルを分析し、②外部環境の変化を見通して「将来、どんなことが起きたら困るのか」を経営マネジメント層を含めて多角的な観点から協議します。組織として備えるべき「ストレス事象」を明確にしてはじめて、有効な対応策を検討することが可能となります。

## (3) VaRとストレステスト結果の比較

　下表をみてください。まず、過去1年間（250営業日）の観測データに基づき、保有期間6カ月（125営業日）で99%VaRを計測しています。株式投信の99%VaRは32億円、国債の99%VaRは7億円、保有ポートフォリオ全体の99%VaRは30億円となりました。

　99%VaRの推計値だけでは、将来、発生しうる損失への備えとして必ずしも十分とはいえないため、2通りのストレステストを行っています。

●VaRとストレステスト結果の比較

保有ポートフォリオ
　株式投信　100億円
　国債　　　100億円

| | VaR計測※<br>信頼水準<br>（99%） | ストレステスト | | |
|---|---|---|---|---|
| | | VaR計測※<br>信頼水準<br>（99.97%） | TOPIX ▲30%<br>金利 ＋100bp<br>（シナリオⅠ） | TOPIX ▲50%<br>金利 ＋200bp<br>（シナリオⅡ） |
| 株式リスク | 32億円 | 48億円 | 30億円 | 50億円 |
| 金利リスク | 7億円 | 11億円 | 9億円 | 18億円 |
| 市場リスク全体 | 30億円<br>（相関考慮） | 59億円<br>（単純合算） | 39億円<br>（単純合算） | 68億円<br>（単純合算） |

※VaR計測は分散共分散法（ルートT倍法）。保有期間125日間、観測期間250日。

（注）碓井（2008a）を参考に作成。

シナリオⅠでは「東証TOPIXが30％下落して、金利が100bp上昇する」と想定しました。このとき発生する損失を計算すると、国債に関しては9億円と99％VaRを上回りましたが、投信に関しては30億円と99％VaRを若干下回りました。この結果をみる限り、「東証TOPIXが30％下落する」という想定については、ストレスシナリオとして少し弱かったといえるかもしれません。

このことは、ストレステストの結果だけで将来のリスクに備えようとすることの危険性を示唆しています。厳しいストレス事象を想定してストレステストを行ったつもりでも、過去データに基づいて客観的に評価してみると、実はストレスと呼べるほどのものではなかった、ということにもなりかねません。

シナリオⅡでは「東証TOPIXが50％下落して、金利が200bp上昇する」というシナリオを置き、そのとき発生する損失を計算しました。シナリオⅡでは、株式投信も国債も、したがってポートフォリオ全体でも多額の損失が出るという厳しい結果になりました。いずれも99％VaR、99.97％VaRを上回る損失が発生するという結果になっています。

リスクマネジメントの実務では、VaRの計測結果とストレステストの結果とを比較しながらリスク量の上限を探る必要があります。客観的なVaRと主観的なストレステストの分析結果とを突き合わせて、リスクテイクの状況を評価することが重要です。

## (4) VaR、ストレステストとリスク管理の枠組み

先進的な企業や金融機関では、さまざまなリスクを計量化して、リスク管理に活用しています。

たとえば、下図のように、①VaRでリスク枠を設定し、②ストレステストの結果をふまえてリスク資本を配賦する、というリスク管理の枠組みを構築しているケースをよく見受けます。

●リスク管理の枠組み

リスク枠の設定

- 金利リスク枠 VaR 10億円
- 株式リスク枠 VaR 40億円
- 市場リスク全体枠 VaR 40億円

市場リスク割当可能リスク資本80億円
- 金利リスク20億円
- 株式リスク60億円

|  | VaR計測<br>信頼水準99%<br>保有期間125日 | ストレステスト<br>TOPIX ▲50%<br>金利 +200bp |
|---|---|---|
| 株式リスク | 32億円 | 50億円 |
| 金利リスク | 7億円 | 18億円 |
| 市場リスク全体 | 30億円<br>（相関考慮） | 68億円<br>（単純合算） |

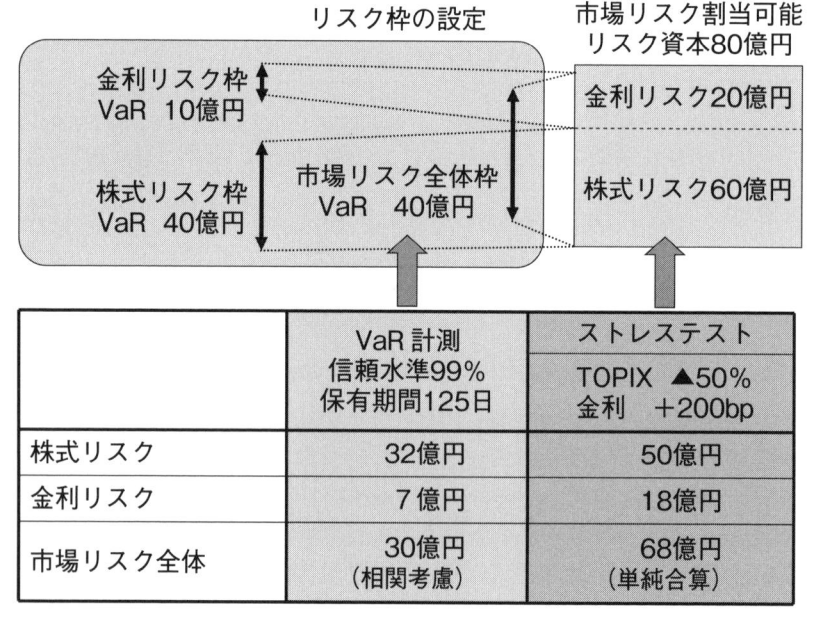

（注）碓井（2008a）より転載。

では、「VaR 枠の設定」と「リスク資本の配賦」という２重の枠組みでリスク管理を行う意味はどこにあるのでしょうか。

　左下図をみると、「東証 TOPIX が50％下落して、金利が200bp 上昇する」というストレスシナリオを想定して、そのとき発生する損失額を算定すると68億円となるため、リスク資本80億円を配賦して経営体力の安定確保を図っています。経営体力の安定確保に直接寄与しているのは、ストレステストの結果をふまえた「リスク資本の配賦」であることがわかります。

　一方、VaR 枠については40億円とリスク資本の範囲内で設定しており、経営体力の安定確保には２次的な役割しか果たしていません。

　したがって、厳しいストレステストを行って、その結果に基づいてリスク資本を配賦することができれば、経営体力の安定確保は図られ、リスク管理体制としては十分とも考えられます。

　しかし、ストレステストの結果だけでは、経営体力の安定確保が図られることを客観的に示すことができず、必ずしも対外的な説得性が得られないという点には注意が必要です。

　たとえば、「東証 TOPIX が50％下落して、金利が200bp 上昇する」というストレスシナリオを置いたとき、「経営体力面で問題は生じない」ということは主張できますが、「そのストレスシナリオがどの程度の確率で起きうることなのか」とか、「別のシナリオを置いてストレステストを行ったとき、損失がリスク資本の範囲内にとどまるか」などの点はまったくわかりません。

第４章　◆　VaR の検証と補完

株主、顧客、監督当局などに対して、経営体力の安定確保を図ることができると客観的に示すためには、ストレステストを行うだけでは不十分なのです。
　客観的なリスク指標であるVaRをリスク枠として活用することによって、株主、顧客、監督当局などに対する対外的な説得性を増す必要があります。
　たとえば、上記の事例では、99％VaRを計測して、40億円の枠内に収めるようにリスク管理体制を構築しています。このようにVaR枠を設定し、遵守することによってはじめて「過去データに照らせば、99％の確率で、経営体力を上回る損失が発生することはない」と主張することができます。
　そのうえで、ストレステストを補完的に実施し、「さらに余裕（バッファー）を見込みながらリスク資本を配賦している」ことを主張すれば、株主、顧客、監督当局などからみて、経営体力の安定確保が図られていることが明確に伝わりますし、また、大いに安心感を与えることになります。

# 第 5 章

## 内部監査の視点

　経営を取り巻くリスクが多様化・複雑化すると同時にリスクマネジメント手法も高度化してきました。

　リスクマネジメントと内部監査が経営のガバナンスを有効に機能させる「車の両輪」である以上、リスクマネジメントの高度化に合わせて、内部監査も高度化していく必要があります。

　本章では、まず、内部監査の高度化を図るうえで重要となるリスクベース監査の実践と専門的能力の確保について取り上げます。

　また、主要なリスクカテゴリに関してVaRを計測し、リスクマネジメントに活用しているケースに焦点を当てて、リスクマネジメント・プロセスを内部監査で検証する際のポイントを解説します。

# 1 リスクマネジメントと内部監査

　まず、リスクマネジメントと内部監査の関係に関して簡単に整理します。右下図をみてください。

　経営陣は、組織全体の戦略とリスク許容度を決定し、フロント部署に対して戦略の展開やリスクテイクを指示します。

　フロント部署は、経営陣から許された範囲内でリスクテイクをして、さまざまな取引を実行します。

　リスク管理部署は、フロント部署によるリスクテイクの状況を把握して、経営陣に報告します。経営陣とフロント部署の間に置かれるため、ミドル部署とも呼ばれます。近年、リスク管理部署を置く企業が増えてきましたが、リスク管理部署は、フロント部署が過大なリスクテイクをしないように監視するだけではなく、経営判断をサポートするという重要な役割を果たしています。

　また、市場業務などを行う特定のフロント部署に関しては、牽制を強化するため、バック部署が置かれます。フロント部署が取引を実行すると、取引内容を確認してポジション・損益を確定します。

　内部監査部署は、このような一連のリスクマネジメント・プロセスが組織全体で有効に機能しているかを検証して経営陣に報告します。その意味では、内部監査部署は、組織ディフェンスの「最後の砦」として牽制機能を発揮します。リスクマネジメント・プロセスを客観的に評価するためには、内部監査部署は各部

署から独立している必要があります。

　また、内部監査部署は、監査結果を手がかりにして各部署に対して、リスクマネジメント・プロセスの見直し、改善を促すという役割も果たします。いわば、組織全体の「PDCAサイクル」を回す推進力ともなるわけです。

　リスクマネジメント手法が高度化していくなかにあっても、内部監査が果たすべき役割、機能は変わりません。むしろ、経営陣からの期待は一段と大きくなっているといえるかもしれません。リスクマネジメントと内部監査は、経営のガバナンスを有効に機能させる「車の両輪」であるといっても過言ではなく、リスクマネジメントの高度化に合わせて、内部監査も高度化していく必要があります。

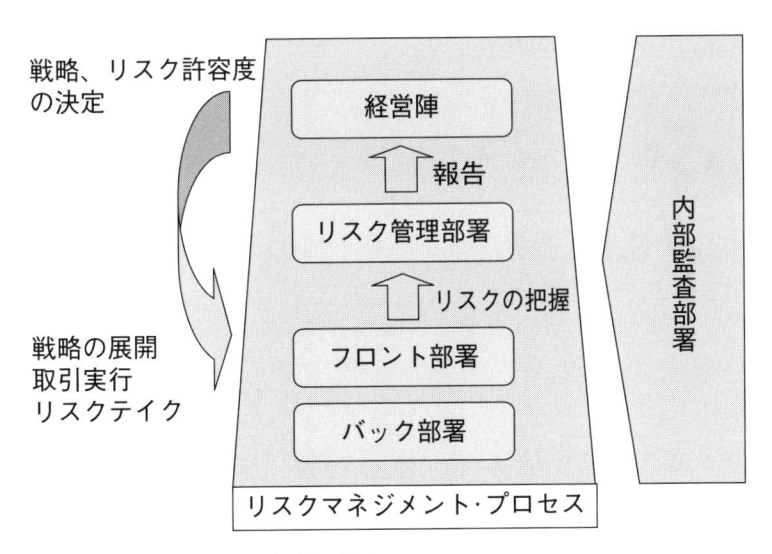

戦略、リスク許容度の決定

経営陣

↑報告

リスク管理部署

↑リスクの把握

フロント部署

バック部署

戦略の展開
取引実行
リスクテイク

リスクマネジメント・プロセス

内部監査部署

（注）碓井（2008a）を参考に作成。

第5章 ◆ 内部監査の視点

## 2 内部監査の高度化

### (1) リスクベース監査の実践

　リスクマネジメント・プロセスを内部監査で検証するとき、経営者の視点で「重要なリスクとは何か」をとらえ、内部監査の基本方針や監査計画を策定することが重要です。

　内部監査の国際基準（IIA基準）をみると「内部監査部門長は、組織体の目標と調和するように、内部監査部門の優先順位を決定する、リスク・ベースの計画を策定しなければならない」（IIA基準2010）と記載されています。

●内部監査の基本的な流れ

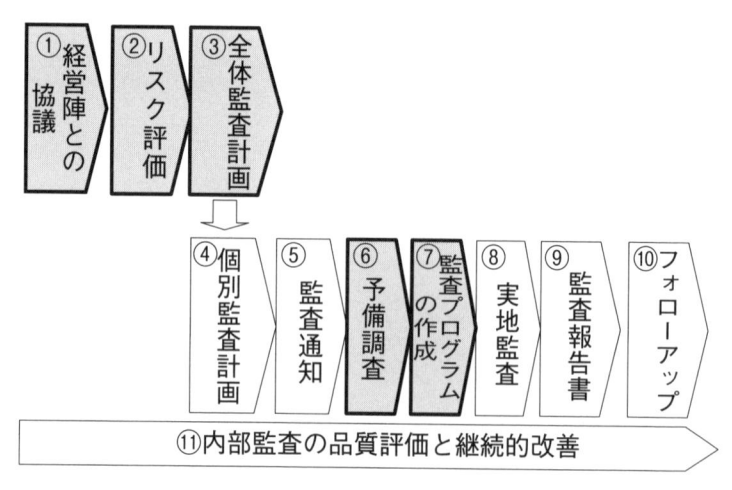

①経営陣との協議 → ②リスク評価 → ③全体監査計画 → ④個別監査計画 → ⑤監査通知 → ⑥予備調査 → ⑦監査プログラムの作成 → ⑧実地監査 → ⑨監査報告書 → ⑩フォローアップ

⑪内部監査の品質評価と継続的改善

（注）碓井（2007e）を参考に作成。

リスクベース監査では、①経営陣と「重要なリスク」の認識を共有し、②「重要なリスク」に監査資源（マンパワー）を集中することがポイントになります。

　したがって、内部監査部門全体のマンパワー配分を決めるためには、全体監査計画を策定する前に「経営陣との協議」や「リスク評価」を行うことが重要です。また、個別監査チームのマンパワー配分を決めるためには、個別監査プログラムを作成する前に「予備調査」を行って監査要点を絞り込む必要があります。

　拠点別に「リスク評価」を行うと、個別営業拠点のリスクよりも本部のリスクのほうが大きいのが一般的です。営業拠点の内部監査に監査資源の投入が大きく偏っているようであれば、これを是正して、本部に対する内部監査の頻度と深度を高めることになります。

　また、営業拠点と本部を比較して本部のリスクが大きいことが明らかだとしても、リスクカテゴリごとに評価したとき、信用リスクと市場リスクのどちらが大きいのか、といった視点で考えることも重要です。

　金融機関や商社など、先進的なリスクマネジメント体制を整備している企業では、リスクカテゴリごとにVaRを計測しています。リスクの大きさを、たとえばVaRなどの「共通の尺度」でみることによって、相対的にリスクが大きい業務やリスクカテゴリに対して、より多くの監査資源を投入できているか否かをチェックすることも可能となります。

●リスクの重要度と監査資源の配分がミスマッチな事例

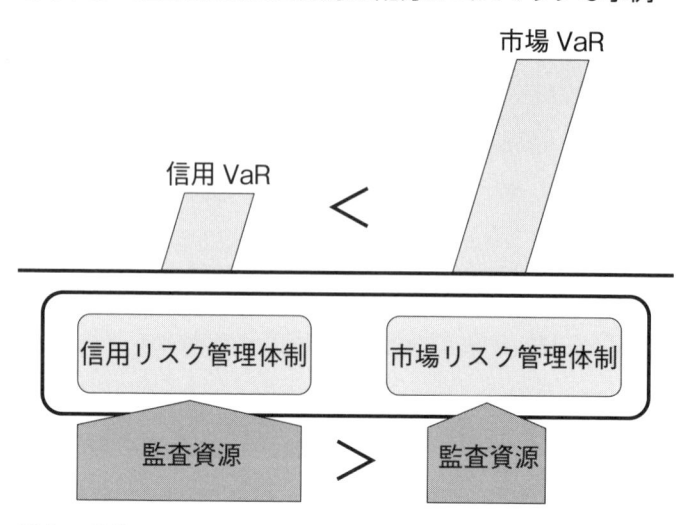

```
        信用 VaR    <    市場 VaR

   ┌─────────────────────────────────┐
   │ 信用リスク管理体制    市場リスク管理体制 │
   └─────────────────────────────────┘
        監査資源    >    監査資源
```

（注）碓井（2009a）より転載。

　地方の中小金融機関では、取引先に有力企業が少なく、貸出残高が預金残高の半分程度にとどまったり、また、貸出の小口分散化を図っているため、1先当りの貸出残高が5億円を超える取引先は皆無というケースもあります。このような場合、信用 VaR（信頼水準99％、保有期間1年）を計測すると、10億円を下回ることもあります。

　その一方で、有価証券投資を多額に行っていることから、市場変動（ボラティリティ）が高まったときに市場 VaR（信頼水準99％、保有期間3カ月）を計測すると、100億円を大きく超えることもあります。

　上記のようなケースでは、監査資源をより多く投入して検証すべき対象は、信用リスク管理体制ではなく、市場リスク管理体制であることは明らかです。

しかし、貸出は「本業」であり、有価証券投資は「余裕資金の運用」にすぎないとの考え方から、信用リスク管理体制の検証に監査資源が集中的に配分されてしまうこともありました。一方、有価証券投資に精通した監査要員を確保できず、市場リスク管理体制の検証といっても、検印漏れなどの形式的なチェックにとどまるケースも見受けられました。

　こうした「リスクの重要度」と「監査資源」の配分のミスマッチは、リスクベース監査を実践していくなかで是正されるものと考えられます。VaRによるリスク量の比較は、経営陣と内部監査部署が「重要なリスク」は何かを協議する際の1つの糸口となります。

　なお、誤解がないように補足しておくと、リスクベース監査では、「重要なリスク」のうち優先順位の高いものだけを監査対象とするわけではありません。

　経営にとって「重要なリスク」はすべて検証対象として、一定期間のうちに検証を終えるようにスケジューリングし、検証作業の「網羅性」を確保する必要があります。

　また、内外の環境変化により、経営にとって「重要なリスク」とは変化しうるものです。「リスク評価」によって1度策定した監査計画についても機動的に見直しができるように「オフサイト・モニタリング」を強化するなどの補完措置が必要になります。「オフサイト・モニタリング」が不十分だと、「重要なリスク」の変化を見逃すことになり、かえってリスクベース監査の有効性が低下してしまうことがあります。

## (2) 専門的能力の確保

### a. 内部監査人に求められる専門的能力

　内部監査人には、①リスクを識別し、②コントロールの有効性を評価し、③リスクマネジメント・プロセスの改善を促すための能力が求められます。

　内部監査人に求められる能力は、一見するとごく単純なもののようですが、業務に関連したさまざまな専門知識と、情報収集、問題発見、原因分析、改善提案に係るヒューマン・スキルをバランスよく身につけてはじめて発揮されるものです。

●内部監査人に求められる専門的能力

> ◆リスクを識別する。
> ◆コントロールの有効性を評価する。
> ◆プロセスの改善を促す。

（専門知識）
- 監査基準、監査手続、監査技術
- 内部統制のフレームワーク
- 会計、財務、税務
- 法律、制度
- システム、ビジネスモデル
- 金融工学、リスク計測手法等

（ヒューマンスキル）
- 情報収集能力
- 問題発見能力
- 原因分析能力
- 改善提案能力
- コミュニケーション能力

（注）　碓井（2007e）より転載。

従来の内部監査では、高い専門性を求められる機会は必ずしも多くなかったように思います。
　しかし、企業を取り巻くリスクが多様化・複雑化するにつれて、内部監査人に求められる知識は広範にわたるようになり、しかも、高い専門性を求められるようになりました。
　監査基準、監査手続、内部統制のフレームワークなどに関する一般的知識だけでは、いまや実効性のある内部監査はできません。会計、財務、税務、法律、システムなどの専門知識はもちろんのこと、高度なリスクマネジメントを導入・実践している企業では、金融工学、リスク計測手法などに関する専門知識も、しっかりと身につけなければならなくなりました。

　内部監査の国際基準（IIA 基準）をみると、「内部監査人は、自らの職責を果すために必要な知識、技能およびその他の能力を備えていなければならない。さらに、内部監査部門全体としても、職責を果すために必要な知識、技能および能力を備えているか、または確保するようにしなければならない」（IIA 基準1210）と記載されています。

　もちろん、内部監査人はスーパーマンではありません。1人の内部監査人が、すべての専門知識・スキルを身につけることはできないことも明らかです。所要の内部監査を実施するためには、内部監査部門全体として、専門知識・スキルを身につけた要員を質・量の観点から十分に確保する必要があります。
　専門性の高い業務やリスクマネジメントの高度化技法に精通し

た内部監査人は少なく、実効性のある内部監査を実施するうえでネックとなっている、との声も聞かれます。

　企業によっては、社内公募、中途採用などにより、専門知識を身につけている人材を内部監査部署に集める工夫をしていますが、内部監査部署全体として専門的能力がなお不足することも少なくありません。そのような場合、業務知識や監査スキルの蓄積を図るためにも①RCSA（risk control self-assessment）の活用や②外部専門家とのコ・オーディット（co-audit）を検討するのがよいといわれています。

## b.　RCSAの活用

　内部監査部門が、監査対象部署に対してリスク・コントロールマトリックスの作成を依頼することがあります。当該業務に実際に携わっているものが、リスクの所在とコントロールの有効性などを自己評価することから、RCSA（risk control self-assessment）と呼ばれます。

　内部監査部署に、当該業務に精通したスタッフがいない場合でも、RCSAの結果を利用すれば、監査プログラムの作成に役立てることができます。

　ただ、監査対象部署は、リスク・コントロールマトリックスの作成に慣れていないため、少なくとも導入初期の段階では、内部監査部署のサポートが必要となります。あるいは、初回は内部監査部署がリスク・コントロールマトリックスを作成するのが現実的かもしれません。

● リスクのスコアリング

| 項目 | リスク内容 | 固有リスク | | | 管理プロセス | 残余リスク | | |
|---|---|---|---|---|---|---|---|---|
| | | 影響度 | 発生頻度 | 評価 | 有効性の評価 | 影響度 | 発生頻度 | 評価 |
| | 市場取引のオペミス | 大 | 大 | 大 | 概ね有効 | 大 | 中 | 中 |
| | 市場運用の損失隠し | 大 | 低 | 中 | 有効 | 大 | 低 | 小 |
| | | | | | | | | |
| | | | | | | | | |

(注) 碓井（2008a）より転載。

## c. 外部専門家とのコ・オーディット

　VaR などのリスク計測手法をリスクマネジメントに導入している金融機関や商社など先進的な企業では、内部監査においても高度な検証が求められます。

　たとえば、リスク管理部署が開発・利用している VaR 計測モデルの内部監査では、システム設計書をみながらモデルを複製して、ミラー環境で種々のテストを行うことなどが求められます。金融工学や統計学の専門知識を身につけていることのほか、プログラミング・スキルの高い内部監査スタッフを確保することが課題になりますが、こうした専門的能力を有する人材が必ずしも社内にいるとは限りません。

　そのような場合、監査法人やコンサルティング会社などの外部専門家と共同で内部監査（コ・オーディット）を行い、専門知識や監査スキルの吸収を図ることになります。

## 3 リスク計測手法と検証のポイント

　最後に、VaR などのリスク計測手法に係る検証ポイントを解説します。

　金融庁「金融検査マニュアル」をみると、リスク計測手法に関して内部監査で検証すべきポイントが簡潔明瞭に示されています。各リスクカテゴリ別に「リスク管理態勢」のチェックポイントが公表されていますが、リスク計測手法に係る内部監査の検証ポイントに関しては、ほぼ共通の記載になっています。

●金融庁「金融検査マニュアル」確認検査用チェックリスト

> ◆経営管理（ガバナンス）態勢——基本的要素
> ◆法令等遵守態勢
> ◆顧客保護等管理態勢
> ◆統合的リスク管理態勢
> ◆自己資本管理態勢
> ◆信用リスク管理態勢
> ◆資産査定管理態勢
> ◆市場リスク管理態勢
> ◆流動性リスク管理態勢
> ◆オペレーショナル・リスク管理態勢

（注）　下線部の確認検査用チェックリストに「リスク計測手法に係る内部監査の検証ポイント」が記載。

●リスク計測手法に関する内部監査のポイント

◆リスク計測手法に関する記録の適切な文書化、遅滞のない更新
◆リスク計測手法と、戦略目標、業務規模・特性およびリスクプロファイルとの整合性
◆リスク計測手法によってとらえられる計測対象範囲の妥当性
◆リスク計測手法、前提条件等の妥当性
◆リスク計測に利用されるデータの正確性および完全性
◆継続的な検証（バック・テスティング等）のプロセスおよび結果の適正性
◆リスク計測手法の特性（限界と弱点）を考慮した運営の適切性

（注）　碓井（2008a）より転載。

「金融検査マニュアル」というのは、金融庁が金融機関を検査する際のチェックポイントを記したものです。本来、金融庁の検査要員のために書かれたマニュアルですが、金融行政の透明性を確保する観点から対外的に公表されています。

ただ、金融庁では、金融検査マニュアルのチェックポイントを、すべての金融機関が画一的に適用することを求めているわけではありません。金融機関といっても、業務規模や特性の違いによって、リスクプロファイルやリスクマネジメントのあり方も大きく異なるからです。

以下では、上記ポイントにしたがって解説を行いますが、金融機関に限らず、リスク計測手法をリスクマネジメントに導入している先進的な企業にとっても参考になるものと思います。

## (1) リスク計測手法に関する文書化と変更管理

　リスク計測手法に係る内部監査では、はじめにリスク計測手法の採用に関する経営陣に対する説明資料が適切に文書化され、保存されているかをチェックします。
　具体的には、経営陣に対する説明資料をみて、以下のような重要事項がどのように記載されているかを点検します。

●リスク計測手法に係る重要事項

| |
|---|
| ◆採用したリスク計測手法の概要 |
| ◆モデルの設計思想、前提条件 |
| ◆リスク計測手法の採用・変更までの検討経緯、決定根拠 |
| ◆バックテストの実施内容、評価結果 |
| ◆ストレステストの実施内容、評価結果、今後の対応 |

（注）　碓井（2008a）より転載。

　内部監査は、経営陣の視点から行うのが基本です。経営陣への説明資料に重要事項が漏れなく記載されているかを形式的に点検するだけではなく、経営陣が正しく理解できるように説明資料が記載されているか、という視点から点検を行うことが重要です。
　また、リスク計測手法を変更したときも、変更内容や変更に至った理由、検討経緯、決定根拠などが、経営陣に報告されているか、また、記載内容に問題はないかを点検します。

## (2) リスク計測手法とリスクプロファイルの整合性

　VaRの計測手法にもさまざまなものがあります。内部監査では、リスクプロファイルに応じてリスク計測手法を正しく使い分けているか、を確認する必要があります。

　第3章で解説したとおり、一般的な金融商品については「分散共分散法」により市場VaRを計測、近似することが可能です。しかし、「オプション性」の強い金融商品については「分散共分散法」では十分な近似精度が得られないため、「モンテカルロシミュレーション法」で市場VaRを計測するのが望ましいと考えられます。また、ポートフォリオ価値の変動の実分布が正規分布よりも「ファット・テール」となる金融商品については、「ヒストリカル法」に移行して市場VaRを計測することを検討すべきと考えられます。

　しかし、「モンテカルロシミュレーション法」や「ヒストリカル法」に移行するためには、システム開発・投資に多額のコスト負担がかかります。経営資源を投入できない場合は「分散共分散法」を採用しつつ、「補完」的なリスク管理方策として、多様なシナリオ分析やストレステストを行うという選択肢もあります。

　内部監査では、VaR計測手法の「優劣」を形式的に判断するのではなく、さまざまな経営上の制約のなかで、リスクプロファイルに応じたリスク管理方策がとられているか、客観的に評価することが重要です。

## (3) リスク計測の対象範囲、頻度の妥当性

### a. 対象範囲

内部監査では、「重要なリスク」の計測漏れはないかという観点から、リスク計測の対象範囲をインタビューし、原データにあたって対象範囲がインタビューのとおりになっているか、また、対象範囲は適切か確認します。

たとえば、市場リスクに関して、時価評価されない「満期保有目的」に区分された有価証券がリスク計測の対象から除外されていることがあります。

また、信用リスクに関して、事業債の価格変動リスク（金利リスク）を市場 VaR で計測している場合、信用リスク相当額についても市場 VaR に反映されていると誤解されているケースもあります。その結果、信用リスクの計測対象から事業債が除外されていることがあります。

いずれの場合も、リスク計測の「対象範囲」が不適切ということになりますので是正を求める必要があります。

### b. 計測頻度

また、内部監査では、経営者の視点に立って、リスク計測が経営判断を行ううえで適切なタイミングで行われているか、を検証することも重要です。

リスク管理部署からは、データが入手可能となる時期にリスク計測を行っているため、現状以上に計測頻度を上げるのはむずかしいと反論があるかもしれません。しかし、経営陣からみて適切なタイミングでリスクが計測されていないと判断される場合、内部監査では問題点として指摘する必要があります。

　たとえば、有価証券投資は、日々の市場変動をみてリスクテイクの状況を点検したうえで、日々、投資判断を見直すべきと考えられます。いまや金融機関や一般投資家では、有価証券投資に係る市場VaRを日次ベースで計測するのが一般的になっています。

　金融機関では、有価証券投資以外に預金・貸出などの金融資産・負債を保有しており、銀行勘定全体の市場VaRを把握・管理する必要があります。現時点では、銀行勘定全体の市場VaRに関しては、システム面の制約から月次ベースでの計測にとどめている先がほとんどです。しかし、最近、先進的な金融機関ではシステム改善を図って、日々、銀行勘定全体の市場VaRを計測して、経営判断に役立てようという動きが出始めています。

　また、信用VaRの計測頻度についても、従来、多くの金融機関では、年度（あるいは半期）に1回程度で十分と考えられていましたが、最近、融資ポートフォリオの分析とその運営の見直しのため、月次ベースで信用VaRの計測を行う金融機関が増加しています。

## (4) リスク計測手法の前提の妥当性

リスク計測手法の前提は妥当か、この点に関する確認も重要です。このとき、前提の置き方はリスク計測の目的が何かによって大きく異なることに注意する必要があります。

たとえば、①フロント部署がリスク・ポジションを管理するためなのか、あるいは、②リスクと資本を対比してみて、組織体の経営体力の十分性を検証するためなのかで、保有期間、信頼水準の設定や相関の勘案・非勘案など、VaR 計測の前提は変わってきます。

### a. ポジション管理を目的とする場合

フロント部署がリスク・ポジションを管理するために VaR を計測する場合、リスク量の全体感、方向感を把握するのが原則になります。

したがって、保有期間については、リスク量の全体感、方向感を把握するための「リスク評価期間」であればよく、たとえば、1 週間、1 カ月といった短期間であってもかまいません。ポジションの解消・再構築に要する期間を考慮する必要はありません。また、リスクの分散効果を VaR に反映するため、保有期間を統一して、相関を勘案するのが一般的です。

信頼水準については、必ずしも保守的に設定する(99％、99.9％等) 必要はありません。むしろ、管理者からみて実感の湧きやすい現実的なレベル (90％等) に設定することもあります。

## b. 経営体力の十分性の検証を目的とする場合

　経営体力の十分性を検証するために VaR を計測する場合には保守的に計測・合算された VaR が資本の範囲内に収まっていること、すなわち、資本対比でみて過大なリスクテイクをしていないことを確認する必要があります。

　経営体力の十分性を検証する際、信頼水準の設定にあたっては、経営の考え方との整合性をとり、ある程度保守的に設定するのが一般的です（99%、99.9%等）。

　保有期間の設定にあたっては、ポジションの解消・再構築に要する期間を考慮する必要があります。たとえば、純投資目的ではなく、政策投資目的で保有している上場株式などは、組織として売却処分を決定するまでに半年から1年の期間を要することもあります。将来、発生しうる損失を過小に評価しないように、保有期間は長めの期間を設定する必要があります。

　なお、VaR を統合するときは、相関を勘案するケースと相関を勘案しないケースがあります。相関を勘案するケースでは、信頼水準をより高いほうに、保有期間をより長いほうに統一して保守的に VaR を計測します。一方、相関を勘案しないケースでは、信頼水準、保有期間を統一せず、個別 VaR を単純に合算します。

　いずれのケースでも、どのような考え方、前提で、経営体力の十分性を確保しているのかを確認する必要があります。基本的な考え方、前提に合理性があれば、どちらの手法を採用していてもさしつかえありません。

(5) 観測データの妥当性、正確性、完全性

### a. 観測期間の設定

　VaR の計測値は、観測データの変動が大きな時期と小さな時期があるため、観測期間が異なると大きく変化します。観測期間についても、合理的な期間が設定されているかを確認する必要があります。

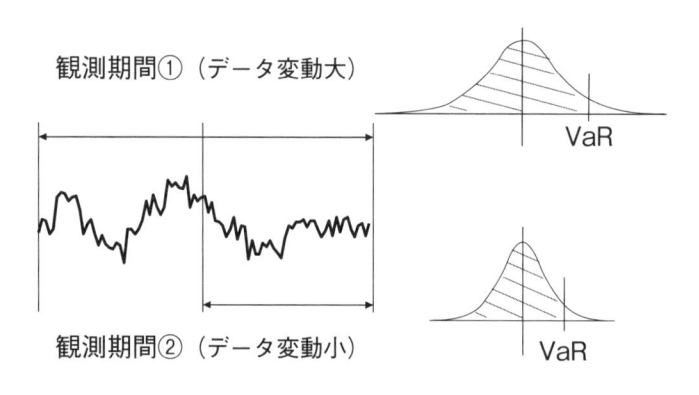

観測期間①（データ変動大）　　VaR

観測期間②（データ変動小）　　VaR

　VaR は「過去は繰り返す」という考え方に基づいて計測されるリスク指標（統計量）です。したがって、「観測期間」（過去）と「保有期間」（将来）は、VaR の計測者からみて「連続感」のある期間とする必要があります。ここで「連続感」のある期間というのは、内外環境に大きな変化が起きないと想定可能という意味です。計測目的によっては、遠い過去の観測データを含めるのは適当でないケースもあります。

一方、ある程度、統計的な精度を確保するためには、多くの観測データを集める必要があります。たとえば、VaRを日次計測する場合には、経験的に1年以上の観測データがあることが望ましいとされています。ただし、足元、明らかに環境変化があったと認められる場合は、統計的な精度は粗くなりますが、観測期間を1年未満と短くとることも検討する必要があります。

　なお、観測期間については、継続性の原則から頻繁に変えるのは望ましくありません。観測期間を変更している場合は、合理的な理由があるか、都合のよい観測期間を選定していないかなどを検証する必要があります。

## b. 観測データの検証

　リスク計測の前提となる観測データ・セットの正確性や完全性についても検証を行う必要があります。そのためには、まず、観測データ・セットの入手・登録手続を確認します。規程・マニュアルを読み、関係部署にインタビューして、必要に応じて実査も行います。

　フロント部署とリスク管理部署のどちらが観測データ・セットを入手し、データ登録作業を行っているか、システムによる自動入力かあるいは手入力か、データ登録の権限はだれにあり、実際に登録を行っているのはだれか、などを確認します。

　フロント部署が、市場運用に失敗して多額の損失を被り、それを隠蔽するという、組織の存続にもかかわる重大事件が繰り返し起きています。このような重大事件では、フロント部署によってリスク計測の前提となる観測データ・セットの改ざんが行われて

いたことが知られています。フロント部署が観測データ・セットの登録・変更を行いうる体制となっている場合は、リスク管理部署による検証体制が有効に機能しているか確認することが特に重要です。

リスク管理部署による検証が必ずしも有効でないと判断された場合には、内部監査では、観測データ・セットの登録を行いうる権限者をユーザー・コードで特定したり、システム・ログをみて観測データ・セットの登録・変更の履歴を入念に確認する必要もあります。また、観測データの登録が手入力の場合には、誤登録等の可能性もありますので、サンプルチェックを行うことを検討します。

次に、「異常値」控除の扱いについて確認する必要があります。リスク計測の実務では、観測データ・セットから「異常値」を控除することもありますが、その理由が合理的といえるか、組織的に定められた一定の基準・手続に従って行われているかを確認することが重要です。

このほか、「欠損データ」「休日データ」の扱いについても確認する必要があります。「欠損データ」「休日データ」を誤ってゼロと登録するなどの初歩的なミスが残っている可能性もあります。「欠損データ」「休日データ」は前営業日と同じとするなどのルールが定められているのが一般的ですが、サンプルチェックによって、その遵守状況を確認します。

## (6) バックテストの結果と実施プロセス

VaRは統計的手法で計測された「推定」値です。したがって、VaRをリスクマネジメントに活用するためには、バックテストの実施が不可欠になります。内部監査では、リスク管理部署によるバックテストの実施結果と実施プロセスを評価する必要があります。

### a. バックテストの結果

バックテストでは、統計的な「検定」の手続に従って、VaRを超過する損失の発生回数からVaR計測モデルの精度を評価します。

具体的には、VaRを超過する損失の発生回数を数えて、一定の回数を超えたときには、VaR計測モデルを「棄却」します。反対に、VaRを超過する損失の発生回数が、一定の回数以内に収まったときには、VaR計測モデルを「採択」します。

このように統計的な「検定」手続によって、VaR計測モデルの「採否」を決めるわけですが、その際、「2種類の過誤」があることを理解する必要があります。

たとえば、信用VaRやオペレーショナル・リスクVaRのバックテストで、比較可能なVaRの計測値と損失実績のデータが5回分しかない場合を考えてみましょう。

過去5回、99%VaRを計測して、それを超過する損失実績が5回中1回でも発生したとします。そのようなことが起きる確率

は、5％未満と比較的低いため、VaR 計測モデルを「棄却」することは可能です。しかし、このとき、「棄却」されたモデルには本当に問題があるといえるのでしょうか。

99％VaR を計測して、それを超過する損失実績が5回中1回でも発生する確率は5％弱です。このとき、VaR 計測モデルを「棄却」するという判断を下すと、5％弱の確率で、何の問題もない VaR 計測モデルを「棄却」してしまう可能性があります。これが「第1種の過誤」です。

●VaR を超過する損失の発生回数（K）と確率

計測回数：N＝5回

VaR を超過する確率：p＝1％

VaR を超過しない確率（信頼水準）：1－p＝99％

確率：$_NC_K(0.01)^K(0.99)^{N-K}$

| K 回 | 確率 | 確率累計 | K 回以上 |
| --- | --- | --- | --- |
| 0回 | 95.099％ | 100.000％ | 0回以上 |
| 1回 | 4.803％ | 4.901％ | 1回以上 |
| 2回 | 0.097％ | 0.098％ | 2回以上 |
| 3回 | 0.001％ | 0.001％ | 3回以上 |
| 4回 | 0.000％ | 0.000％ | 4回以上 |
| 5回 | 0.000％ | 0.000％ | 5回以上 |

では、VaRを超過する損失の発生回数がゼロのときはどうでしょう。このとき、VaR計測モデルを「棄却」することはできません。では、当該モデルを積極的に「採択」しても問題はないのでしょうか。

　このとき、VaR計測モデルを「採択」するという判断を下すと、今度はその判断が誤っている可能性も否定できません。誤ったVaR計測モデルを「採択」してしまう過誤のことを「第2種の過誤」といいます。

　正しいVaR計測モデルがわからない以上、「第2種の過誤」が起きる確率を求めることはできません。しかしながら、本ケースのようにVaRの計測回数が5回しかないケースでは「第2種の過誤」が起きる確率は、決して無視してよいレベルとは考えられません。

　VaR計測モデルを「棄却」できなければ、同モデルを「採択」可能と単純に考えるのではなく、「第2種の過誤」が起きる可能性を勘案して、モデルの諸前提や各種パラメータを個別に検証するなど、VaR計測モデルの適正性を多角的に検証する方法を別途検討することが重要です。

　もう1つ、市場VaRに関する事例を考えてみましょう。市場VaRを計測して、VaRを超過する損失が1度も発生しなかった場合、そのVaR計測モデルを無条件に「採択」してもよいのでしょうか。

市場VaRは日次ベースで計測することが可能なため、バックテストを行うのに十分な数のデータを用意することができます。下表は、VaRを計測した回数（N）を増やしていくと、VaRを超過する損失が1度も発生しない（K＝0）確率がどのように変化するかをまとめたものです。

●損失実績がVaRを1度も超過しない確率

VaR：信頼水準99％で計測
N：VaRを計測する回数
K：損失実績がVaRを超過する回数
確率：${}_N C_K (0.01)^K (0.99)^{N-K}$

| VaR計測回数<br>（N回） | VaR超過回数<br>（K回） | 確率 |
|---|---|---|
| 250 | 0 | 8.106％ |
| 500 | 0 | 0.657％ |
| 750 | 0 | 0.053％ |
| 1000 | 0 | 0.004％ |
| 1250 | 0 | 0.000％ |

　日次ベースで1年間250回、99％VaRを計測して損失実績が1度も99％VaRを超過しない確率は8％です。低めの確率ではありますが、起こりえないレベルではありません。

しかしながら、2年間500回、99%VaRを計測して損失実績が1度も99%VaRを超過しない確率は1％弱まで低下します。また、3年間750回、99%VaRを計測して損失実績が1度も99%VaRを超過しない確率は0.1％未満ときわめて低くなります。すなわち、VaRの計測を2～3年間続けて、1度も損失実績がVaRを超過しないということは、ほとんど起こりえないレベルのことになります。

上記のような場合、VaRを超過する損失の発生回数がゼロであるからといって、VaR計測モデルは適正に構築されているとは必ずしも言い切れません。むしろ、VaR計測モデルが保守的に構築されすぎている可能性も否定できないことになりますので注意が必要です。

### b. バックテストの実施プロセス

バックテストの実施には技術的にさまざまな困難を伴うことがあります。そのために、限界的なバックテストしか実施できないケースも少なくありません。また、複数の補完的なバックテストを組み合わせて行うこともあります。

内部監査では、バックテストの実施プロセス全体を通してみて、VaR計測モデルの適正性がどこまで検証されているかを、評価する必要があります。

たとえば、分散共分散法（ルート T 倍法）によって、保有期間1年の市場 VaR を日次ベースで計測しているケースを考えてみましょう。

　このとき、市場 VaR と対比すべき、損失実績は何かというと、VaR を計測した日のポートフォリオ価値と1年後のポートフォリオ価値の単純な差額ではありません。残高・構成が異なるポートフォリオの価値を単純に比較しても意味がありません。
　VaR を計測した日のポートフォリオの残高・構成を固定して、1年後にそのポートフォリオを保有していたとしたら、その価値がどれくらい増減したかを理論的に計算して損失実績とします。このような「仮想」的な損失実績を、日々、計算・蓄積していくことは必ずしも容易ではなく、システム開発が必要になります。

　そこで、実務的には、保有期間を1日に設定して VaR を計測し直して、翌営業日の損失実績と比較し、これを「バックテスト」と呼んでいるケースをよく見受けます。
　しかし、この「バックテスト」は保有期間1日の VaR に関する精度を評価するものにすぎません。仮に、テスト結果が良好であったとしても、保有期間1年の VaR 計測モデルの精度を保証するものではありません。
　理論的には、「ルート T 倍ルール」が、近似的にせよ、成立していることを確認してはじめて、VaR 計測モデルの精度が保証されることになります。

## (7) ストレステストの想定と対応策

　VaRは「過去は繰り返す」という考え方に基づいて「推定」された値です。したがって、将来、生じうる損失の「予測値」としては限界があります。VaRをリスクマネジメントで活用するとき、こうしたVaRの限界や弱点をふまえて、「ストレステスト」などで「補完」するのが一般的です。

　内部監査では、将来、生じうる損失に対し経営として備えができているかという観点から、「ストレステスト」の想定や、実際にストレス事象が顕現化したときの「対応策」についても検証する必要があります。

### a．ストレステストの想定

　第4章で紹介したとおり、「ストレステスト」の想定の置き方はさまざまです。

　たとえば、①信頼水準の引上げや相関の非勘案など、VaR計測の「前提」を厳しく置き直す方法のほか、②過去のショック時の変動や損失の発生を参考にして「ストレスシナリオ」を作成する方法、③将来、起きうる「ストレスシナリオ」を自由な発想で作成する方法などがあります。

　内部監査では、将来、発生しうる損失に備える観点から「ストレステスト」の想定を、以下の諸点に留意しながら検証することが重要です。

① 「重要なリスク」「ストレス事象」として、どのようなことが考えられるかを組織全体で協議し、「ストレスシナリオ」を策定しているか
② 経営マネジメント層が「ストレスシナリオ」を承認しているか
③ 承認された「ストレスシナリオ」は、組織固有のリスクプロファイルを反映したものとなっているか
④ 承認された「ストレスシナリオ」は、外部環境の変化を見通したものとなっているか
⑤ 承認された「ストレスシナリオ」は、組織全体で共有化が図られているか

### b. 対応策の検討

「ストレステスト」は、「ストレスシナリオ」が顕現化したときに経営に与える影響を把握するとともに、そのときに備えて、「対応策」を事前に協議、検討するために行うものです。経営に与える影響を把握するためだけに「ストレステスト」を行うのであれば、その意義は乏しいとも考えられます。

内部監査では、「ストレステスト」の結果をふまえ、組織としてどのような「対応策」が協議され、検討されているかを検証する必要があります。具体的には、以下に記載する諸事項が組織内で十分に協議、検討されているかを確認します。

①　経営全体に与える影響の詳細
②　注意喚起のためのアラームポイントの設定
③　リスク削減策の検討（優先順位、実行手順）
④　資本増強の検討（必要性、実行のタイミング）

　なお、「ストレステスト」に関して、経営体力を毀損する（損失予想が資本を上回る）ような、厳しい「ストレスシナリオ」を想定するのは「意味がない」と考える向きもありますが、それはまったくの誤解です。
　「どのような事態に陥ったとき、経営体力を毀損する可能性があるのか」ということを組織内で共有してはじめて、深刻な事態を回避するため、「どのような対応策を講じるべきか」を組織内で協議・検討することが可能となります。
　経営体力を毀損する可能性があるとすれば、むしろ経営としては対応策を協議・検討するのは当然だと考えられます。
　内部監査では、「ストレスシナリオ」を検証するとともに、適切な「対応策」が策定されているかを確認し、経営として将来のリスクへの備えが不十分であると判断されたときは、「ストレスシナリオ」や「対応策」の見直しを求める必要があります。

〈参考文献・資料〉

■全章
- 碓井茂樹「内部監査人のためのリスク計量化入門―VaRの理解と検証」(㈳日本内部監査協会特別研修会講義資料、2008年9月a、2008年12月b、2009年9月a、2010年2月a)（注1）
- 碓井茂樹「リスク計量化入門―VaRとストレステスト、シナリオ分析」(日本金融監査協会、2011年5月、2012年4月)

■第1章
- 内部監査人協会（IIA）国際本部「内部監査の専門職的実施の国際基準（IIA基準）・用語一覧」(㈳日本内部監査協会仮訳、2009年)
- みずほフィナンシャルグループ「ディスクロージャー誌2009.3」
- みずほフィナンシャルグループ「2009年度中間期会社説明会資料（2009年11月24日開催）」
- 京都銀行「会社説明会・インフォメーションミーティング資料(2009年6月4日開催)」
- 山陰合同銀行「会社説明会資料（平成20年度決算概要）」
- 伊予銀行「IR決算説明会資料（平成20年度決算）」
- ㈱住友商事「中期経営計画FOCUS'10（2009～2010年度）」
- ㈱住友商事「アニュアルレポート2009年3月期」

■第2章
- 長谷川勝也「イラスト・図解　確率・統計のしくみが分かる本」(技術評論社、2000年)
- P.G.ホーエル「初等統計学」(培風館、1981年)

・碓井茂樹「市場リスク管理の基礎『補足 1 確率・統計の基礎』」(日本銀行金融高度化セミナー資料、2007年 7 月 a)

■第 3、4 章
・碓井茂樹「市場リスク管理の基礎『市場リスクの計測手法』」(日本銀行金融高度化セミナー資料、2007年 7 月 b)
・碓井茂樹「市場リスク管理の基礎『銀行勘定の金利リスクの把握と管理』」(日本銀行金融高度化セミナー資料、2007年 7 月 c)
・碓井茂樹「市場リスク管理の基礎『市場リスクの管理体制』」(日本銀行金融高度化セミナー資料、2007年 7 月 d)
・山下智志「市場リスクの計量化と VaR」(朝倉書店、2000年)
・吉藤茂「図説　金融工学とリスクマネジメント―市場リスクを考える視点」(金融財政事情研究会、2005年)


・碓井茂樹「信用リスクマネジメントの高度化―イントロダクション」(日本内部監査協会特別研修会資料、2009年 6 月 b)
・森平爽一郎・瀬尾純一郎・佐藤隆行「わが国初のデフォルト相関・共倒れリスクの推計」(週刊金融財政事情、2008年7.21号)
・橋本崇「与信ポートフォリオの信用リスク計量における資産相関について―本邦のデフォルト実績データを用いた実証分析―」(日本銀行ワーキングペーパーシリーズ、2008年 6 月)


・碓井茂樹「オペレーショナル・リスク管理の理解と高度化のポイント」(日本銀行金融高度化セミナー資料、2010年 3 月 b)
・碓井茂樹「Q&A：オペレーショナル・リスク管理の高度化を巡る論点整理」(日本銀行金融高度化セミナー資料、2010年 3 月 c)

- 三菱信託銀行オペレーショナル・リスク研究会「オペレーショナル・リスクのすべて」（東洋経済新報社、2002年）
- 小林孝明・清水真一郎・西口健二・森永聡編著「オペレーショナル・リスク管理高度化への挑戦―最先端の実務と規制の全貌」（金融財政事情研究会、2009年）

- バーゼル銀行監督委員会「マーケットリスクに対する所要自己資本算出に用いる内部モデル・アプローチにおいてバックテスティングを利用するための監督上のフレームワーク」（1996年1月）
- 監査法人トーマツ金融インダストリーグループ「バーゼルⅡ対応のすべて―リスク管理と銀行経営」（金融財政事情研究会、2008年）

■第5章
- 碓井茂樹「金融機関における内部監査の役割と運営」（㈳日本内部監査協会金融内部監査実務講座講義資料、2007年12月 e）
- 碓井茂樹「内部監査の理解と高度化のポイント」（日本銀行金融高度化セミナー資料、2010年3月 d）（注2）
- 碓井茂樹「リスク計測手法と内部監査のポイント」（日本銀行金融高度化セミナー資料、2010年3月 e）（注3）
- 金融庁「金融検査マニュアル（預金等受入金融機関に係る検査マニュアル）」（2009年12月）
- 日本金融監査協会「金融内部監査入門」（金融財政事情研究会、近刊）

(注1)　本書は、2008年9月以降、㈳日本内部監査協会で開催された特別研修会の講義資料をベースにして、FFR⁺メンバーが全体構成・内容を再編集して著したものです。

FFR⁺メンバーは、日本金融監査協会の研修セミナーなどにおいて、本書の内容をベースにした講義を行っています。
　　なお、FFR⁺メンバーは、従来よりリスクマネジメントや内部監査の発展に貢献する目的で、上記特別研修会の講義資料に関して、日本銀行金融高度化セミナーをはじめとする各種情報発信活動への利用を認めています。

（注2）　当該資料は、㈳日本内部監査協会で開催された金融内部監査実務講座の講義資料（碓井（2007e））の一部を利用して作成したものです。

（注3）　当該資料は、㈳日本内部監査協会で開催された特別研修会の講義資料（碓井（2008a））の一部を利用して作成したものです。

## リスク計量化入門
──VaR の理解と検証

| 2010年5月27日 | 第1刷発行 |
|---|---|
| 2022年5月30日 | 第11刷発行 |

編著者　FFR＋
発行者　加　藤　一　浩
印刷所　三松堂株式会社

〒160-8520　東京都新宿区南元町19
発　行　所　一般社団法人 金融財政事情研究会
　　　　　　編集部　TEL 03(3355)2251　FAX 03(3357)7416
販　　　売　株式会社きんざい
　　　　　　販売受付　TEL 03(3358)2891　FAX 03(3358)0037
　　　　　　URL https://www.kinzai.jp/

・本書の内容の一部あるいは全部を無断で複写・複製・転訳載すること、および磁気または光記録媒体、コンピュータネットワーク上等へ入力することは、法律で認められた場合を除き、著作者および出版社の権利の侵害となります。
・落丁・乱丁本はお取替えいたします。定価はカバーに表示してあります。

ISBN978-4-322-11427-0